RÉNYI PICTURE DICTIONARY

CHINESE AND ENGLISH

ÉDITIONS RÉNYI INC.
355 Adelaide Street West, Suite 400, Toronto, Ontario, Canada M5V 1S2

The Rényi Chinese Picture Dictionary

Copyright © 1989, 1994 Éditions Rényi Inc.

Illustrated by Kathryn Adams, Pat Gangnon, Colin Gillies, David Shaw and Yvonne Zan. Cover illustration by Colin Gillies. Designed by David Shaw and Associates.

Typesetting by Chinese Computer Typesetting Center Inc.

Color separations by New Concept Limited, Canada.

Printed in Canada by Metropole Litho Inc.

All rights reserved. No part of this publication may be reproduced or transmitted in any form, by any means, including photocopying, recording or information storage without permission in writing from the Publisher. It is illegal to reproduce this publication.

In this dictionary, as in reference work in general, no mention is made of patents, trademark rights, or other proprietary rights which may attach to certain words or entries. The absence of such mention, however, in no way implies that words or entries in question are exempt from such rights.

Edited by P. O'Brien-Hitching, René Le Bel, Pierre Rényi, K. C. Sheppard.

Chinese edition by Margaret Yuen Choon Ting, Shu Yun Ma.

The Rényi Chinese Picture Dictionary   ISBN 0-921606-14-1

INTRODUCTION

Some of Canada's best illustrators have contributed to the Rényi Chinese Picture Dictionary, which has been carefully designed to combine words and pictures into a pleasurable learning experience.

Its unusually large number of terms (3336) makes the Rényi Chinese Picture Dictionary a flexible teaching tool. It is excellent for helping young children acquire language and dictionary skills in English or in Chinese. Because the vocabulary it encompasses is so broad, this dictionary can also be used to teach Chinese to older children and adults as well. Further, it is also an effective tool for teaching English as a second language.

THE VOCABULARY

The decision on which words to include and which to leave out was made in relation to three standards. First, a word-frequency analysis was carried out to include the most common words. Then a thematic clustering analysis was done to make sure that words in common themes (animals, plants, activities etc.) were included. Finally, the vocabulary was expanded to include words which children would likely hear, ask about and use. This makes this dictionary's vocabulary more honest than most. 'To choke', 'greedy', 'to smoke' are included, but approval is withheld.

This process was further complicated by the decision to *systematically* illustrate the meanings. Although the degree of abstraction was kept reasonably low, it was considered necessary to include terms such as 'to expect' and 'to forgive', which are virtually impossible to illustrate. Instead of dropping these terms, we decided to provide explanatory sentences that create a context.

USING THIS DICTIONARY

Used at home, this dictionary is an enjoyable book for children to explore alone or with their parents. The pictures excite the imagination of younger children and entice them to ask questions. Older children in televisual cultures often look to visual imagery as an aid to meaning. The pictures help them make the transition from the graphic to the written. Even young adults will find the book useful, because the illustrations, while amusing, are not childish.

The dictionary as a whole provides an occasion to introduce students to basic dictionary skills. This work is compatible with school reading materials in current use, and can serve as a 'user-friendly' reference tool.

Great care has been taken to ensure that any contextual statements made are factual, have some educational value and are compatible with statements made elsewhere in the book. Lastly, from a strictly pedagogical viewpoint, the little girl featured in the book has not been made into a paragon of virtue; young users will readily identify with her imperfections.

親愛的小朋友

這本「小叮圖解字典」可能是你第一本真正的字典……你將會發覺它是多麼的有趣！

我叫小叮，是名女孩子。我日常的生活和你一樣：上學、彈琴、發白日夢……你們可在這本字典裏見到我的家人。我的爸爸就在右頁最底那行，他是名海軍司令。翻過一頁，就在最頂一行，你們便可看到我的媽媽。如果要找我，便翻去看「鎮定」一詞吧（第412格），因為我經常都是那麼鎮定的。我還有一名弟弟，他躲在字典裏，你們試看找不找到他。

和我一起學些既有用、又有趣的生字和數字吧！

字典裏的插圖是五名叔叔和姨姨替我劃的，但最後一頁裏的斑馬卻是我自己劃的。

你猜這本字典的最後一個字是甚麼？

這本字典是特別為我的朋友編寫的，希望你喜歡。

小叮

adult 20-39

to **arrange** 100-119

插花 **100** to **arrange** flowers	警察**拘捕**了小胖。 **101** to **arrest**	到達 **102** to **arrive**	箭 **103** arrow
蘆筍尖 **104** artichoke	畫家 **105** artist	至於，如 你喜歡有多快便多快。 至於你，我認為有麻煩了。 如畫般美。 As soon as you like. As for you, I think you are in trouble! As pretty as a picture **106** as	灰燼 **107** ash
烟灰缸 **108** ashtray	亞洲 **109** Asia	問路 **110** to **ask** for directions	小琳和咪咪都熟睡了。 **111** asleep
蘆筍 **112** asparagus	服兩顆阿司匹靈 **113** aspirin	小奇令小佩感到驚訝。 **114** to **astonish**	太空人 **115** astronaut
天文學家 **116** astronomer	在 小蓉與爸爸在家。 他們在看那幅畫。 立刻上床去! Yung is at home with her dad. They are looking at the picture. Go to bed at once! **117** at	運動員 **118** athlete	地圖集 **119** atlas

239 besides
除了…之外，
除了甜品之外，
你就不吃點其他東西嗎？
Should you not eat something else besides dessert?

240 best
最好

241 better
比…好，好些
小慧寫得比小飛好。
若小飛不是懶惰，
他可以做得好些。
Wai writes better than Fei.
Fei is lazy, he can do better.

242 between
小智從石之間走過。

243 bib
圍嘴

244 bicycle
單車

245 big
大

246 bike
單車

247 bill/banknote*
鈔票

248 billboard/hoarding*
廣告牌

249 billiards/snooker*
桌球是一種遊戲。

250 to bind/tie up*
包紮

251 binoculars
雙筒望遠鏡

252 bird
雀鳥

253 birth
出生，誕生
小叮出生時七磅重。
國家的誕生。
大貓產下四隻小貓。
Ting weighed seven pounds at birth.
The birth of a nation
The cat gave birth to four little kittens.

254 birthday
祝你生日快樂！

255 biscuit
餅乾

256 to bite
小浩咬三文治。

257 bite
他咬了一大口。

258 bitter
苦
啤酒有苦味。
當小叮失去心愛的洋娃娃，
便苦着臉流淚。
Beer has a bitter taste.
Ting wept bitter tears when she lost her favorite doll.

to break in 339-358

小燕編寫了一首交響樂。 598 to compose	編曲家 599 composer	鋼琴樂曲 600 composition	電腦 601 computer
專心 602 to concentrate	音樂會 603 concert	混凝土 604 concrete	指揮家 605 conductor
圓錐體 607 cone	雪糕筒 608 ice cream cone	松果 609 pine cone	售票員 606 conductor/guard*
自信 610 confident	我被弄得很混亂。 611 I am confused	恭喜 612 to congratulate	連接 613 to connect
輔音 B、c、d、f、g 是英文輔音字母。 B, c, d, f, g are consonants in the English alphabet. 614 consonant	警官能幫你。 615 constable	一個星座包括很多星星。 616 constellation	全世界有七大洲。 617 continent

conversation 618-637

對話 618 conversation	爸爸是個好廚師。 619 Dad is a good **cook.**	他煮早餐。 620 He **cooks** breakfast.	不要常常開曲奇餅罐! 621 **cookie**/biscuit*
我的手浸在涼快的水中。 622 My hand is in the **cool** water.	銅水管 623 **copper**	抄寫 624 to **copy**	魚兒在珊瑚礁中游着。 625 **coral**
細繩 626 **cord**	軟木塞 627 **cork**	開塞鑽 628 **corkscrew**	小叮喜歡吃連軸的粟米。 629 **corn**/maize*
角落 630 **corner**	屍體 631 **corpse**	走廊 632 **corridor**	宇宙飛行員 633 **cosmonaut**/astronaut*
民族服裝 634 **costume**	郊野的小屋 635 **cottage**	棉質襯衫 636 **cotton**	長沙發椅 637 **couch**/sofa*

小玉咳嗽時很懂禮貌。 **638** to **c**ough	點數 **639** to **c**ount	點數器 **640** **c**ounter	放在櫃台上！ **641** **c**ounter
你到過郊外嗎？ **642** **c**ountry	這國家就是加拿大。 **643** **c**ountry	爸媽是一對夫婦。 **644** **c**ouple	要與龍搏鬥，必須有胆量。 **645** **c**ourage
網球場 **646** **c**ourt	堂妹是我叔叔的女兒。 **647** My **c**ousin is my uncle's daughter.	蓋上 **648** to **c**over	把蓋放在罐上。 **649** **c**over
母牛 **650** **c**ow	這男孩是個懦夫。 **651** This boy is a **c**oward.	牛仔 **652** **c**owboy	蟹住在海裏。 **653** **c**rab
瓶上有裂縫。 **654** **c**rack	克力架餅 **655** **c**racker	搖籃 **656** **c**radle	鶴 **657** **c**rane

crane 658-677

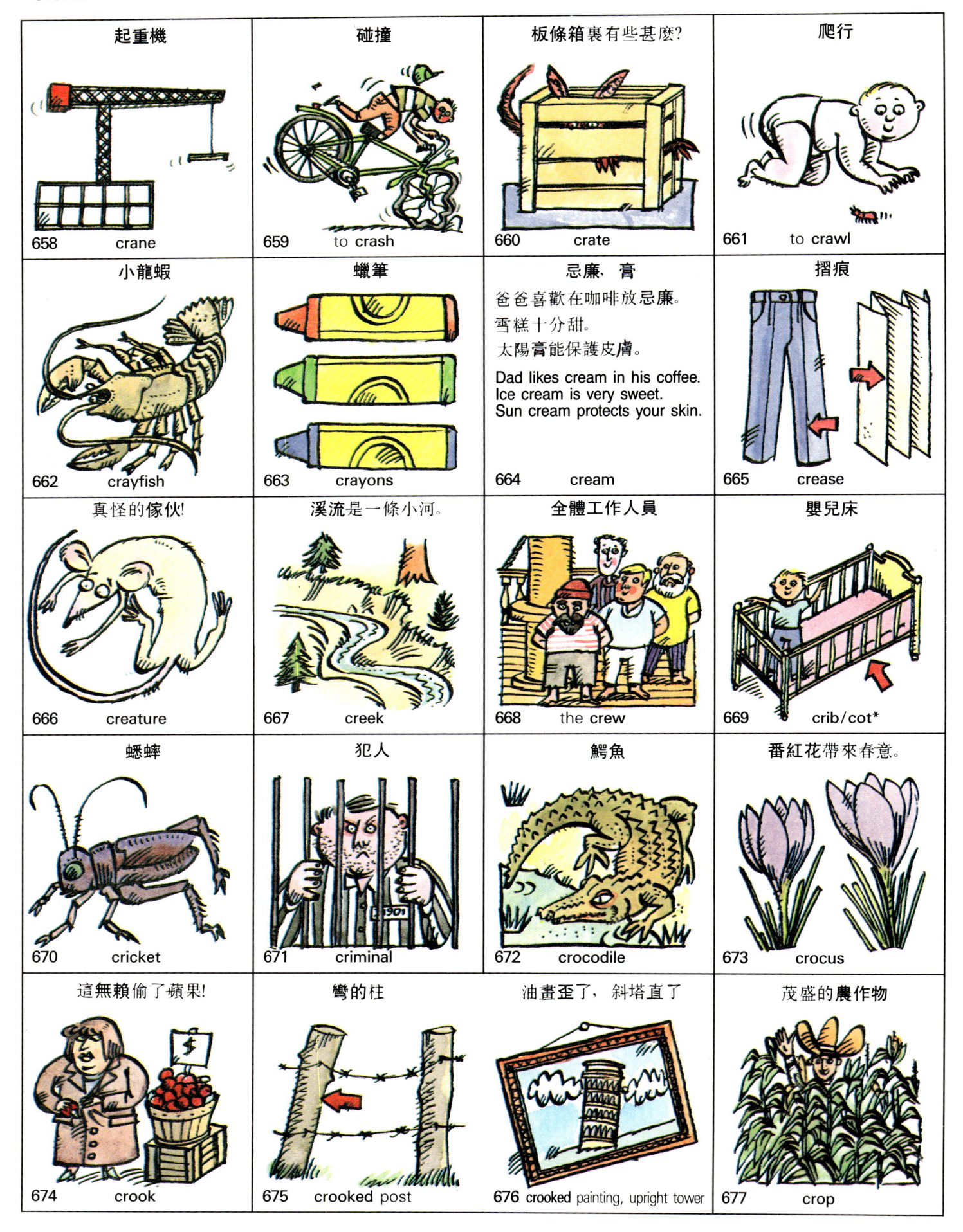

起重機	碰撞	板條箱裏有些甚麼?	爬行
658 crane	659 to crash	660 crate	661 to crawl
小龍蝦	蠟筆	忌廉，膏	摺痕
		爸爸喜歡在咖啡放忌廉。雪糕十分甜。太陽膏能保護皮膚。 Dad likes cream in his coffee. Ice cream is very sweet. Sun cream protects your skin.	
662 crayfish	663 crayons	664 cream	665 crease
真怪的傢伙!	溪流是一條小河。	全體工作人員	嬰兒床
666 creature	667 creek	668 the crew	669 crib/cot*
蟋蟀	犯人	鱷魚	番紅花帶來春意。
670 cricket	671 criminal	672 crocodile	673 crocus
這無賴偷了蘋果!	彎的柱	油畫歪了，斜塔直了	茂盛的農作物
674 crook	675 crooked post	676 crooked painting, upright tower	677 crop

十字架 678 cross	過馬路前，先看清楚! 679 to cross	刪去 680 to cross out	烏鴉 681 crow
大堆人群擠在彈丸之地。 682 A big crowd in a small space.	皇冠 683 crown	彼得爵士替新女皇加冕。 684 to crown	食品屑 685 crumb
榨葡萄以釀酒 686 to crush	小叮最喜歡吃糕餅殼。 687 crust	拐杖 688 crutch	哭 689 to cry
水晶球 690 crystal	幼熊 691 cub	立方體 692 cube	布穀鳥 693 cuckoo
黃瓜 694 cucumber	袖口 695 cuff	一杯茶 696 cup	櫥櫃裏有一個瓶。 697 cupboard

curb/kerb* 698-717

路邊 698 curb/kerb*	我痊癒了。 699 I am cured.	小悦在捲髮。 700 to curl	她現在有捲曲的頭髮了。 701 curly
好奇 702 curious	加侖子 703 currant	河裏的急流 704 current	窗簾 705 curtains
曲線 706 curve	坐墊 707 cushion	顧客 708 customer	切 709 to cut
可愛 712 cute/sweet*	刀叉餐具 713 cutlery	單車 714 cycle	插入 710 to cut in
圓柱體 715 cylinder	銅鈸 716 cymbals	柏樹 717 cypress	剪出那紙公仔。 711 to cut out

718-736　　　　　　　　　　　　　　　　　　　　　　　　dead

D	水仙花是春天的花。 718　daffodil	匕首 719　dagger	日報 720　daily
乳牛住在牛奶場裏。 721　dairy	雛菊 722　daisy	跨過河流的水壩 723　dam	損壞了 724　damaged
濕的 725　damp	跳舞 726　to dance	舞蹈員 727　dancer	蒲公英是一種野草。 728　dandelion
危險 729　danger	我不怕黑暗。 730　dark	飛標是拿來投擲的。 731　dart	汽車儀錶板 732　dashboard
請告訴我今天的日期。 733　date	這是我女兒小瑤。 734　daughter	一個晴天的開始 735　the start of a nice day	死老鼠 736　dead mouse

deaf 737-756

聾人聽不見東西。	親愛的，哎呀 小鳳是我的致友。 親愛的媽媽，露營真好玩! 啊! 哎呀! 我忘記帶錢包! Fung is my dear friend. Dear Mom, camp is fun! Oh dear, I forgot my wallet.	十二月是每年最後的一個月。	決定 小叮決定不了穿些甚麼。 媽媽可能要幫她決定。 Ting cannot decide what to wear. Mom may have to decide for her.
737 deaf	738 dear	739 December	740 to decide
船的甲板。	海盜小妖在裝飾聖誕樹。	裝飾品	小健避免游往深處。
741 deck	742 to decorate	743 decoration	744 deep end
樹林中有鹿。	遞送	小湯把我的車撞凹了。	牙醫
745 deer	746 to deliver	747 to dent	748 dentist
百貨公司	沙漠	誰把書桌搬到沙漠裏?	甜品
749 department store	750 desert	751 desk	752 dessert
怪獸摧毀了那城市。	驅逐艦是一種戰艦。	偵探	清晨葉上的露水
753 to destroy	754 destroyer	755 detective	756 dew

757-776　　　　　　　　　　　　　　　　　　　　　　　　　　　dirty

對角綫　757 diagonal	圖解　758 diagram	鑽石　759 diamond	嬰兒要用尿布。　760 diaper/nappy*
你寫日記嗎?　761 diary	翻查字典　762 dictionary	死去　763 to die	分別　世上人人皆平等，他們之間無分別。All people are born equal, there is no difference between them.　764 difference
不同的人…但均平等。　765 different people	挖掘　766 to dig	蛇在消化大象，祝牠好運!　767 The snake digests an elephant.	光綫微弱的房間　768 dim
小叮面帶梨窩。　769 dimple	橡皮艇　770 dinghy	飯廳　771 dining room	正餐　772 dinner
恐龍　773 dinosaur	從這方向去吧!　774 direction	爸爸踏入泥路裏。　775 dirt	他的褲子十分骯髒。　776 dirty

我不同意你的看法。 777 to disagree	蘋果不見了。 778 to disappear	災難 779 disaster	發現 780 to discover
討論 781 to discuss	病害 782 disease	小叮偽裝起來。 783 disguise	快來洗碗碟! 784 dishes
不誠實的人 785 a dishonest person	洗碗水 786 dishwater	不喜歡 787 to dislike	藥片在水中溶解。 788 to dissolve
兩棵樹之間的距離 789 distance between two trees	遙遠的樹 790 a distant tree	我住在這個地區。 791 district	挖溝 792 ditch
跳水 793 to dive	分開一個蘋果 794 to divide	我很頭暈。 795 I feel dizzy.	凳子壞了。我怎樣做好呢? 796 What shall I do?

船塢 797 dock	醫生 798 doctor	狗 799 dog	洋娃娃 800 doll
海豚 801 dolphin	圓屋頂 802 dome	這驢子載着很多貨物。 803 donkey	門 804 door
門的旋扭 805 doorknob	極相似的人 806 double	生麵團 807 dough	白鴿是和平的象徵。 808 dove
小叮有一個軟毛的枕頭。 809 down	打瞌睡 810 to doze	一打鷄蛋有十二隻。 811 dozen	不要把書包拖在地上。 812 to drag
龍 813 dragon	蜻蜓 814 dragonfly	排水管 815 drain/plug hole*	小甘繪得一手好畫。 816 to draw

drawbridge 817-836

拉起吊橋!	小叮的襪子不在**抽屜**裏。	一場好**夢**	我**夢**見綿羊。
817 drawbridge	818 drawer	819 a nice dream	820 I dream of sheep.
裙子	穿衣	小叮的襪子可能在**梳妝臺**裏。	流口水
821 dress	822 to dress	823 dresser/chest of drawers*	824 to dribble
在大海中**漂流**真沒趣。	小茜在**鑽**小孔。	鑽孔器	飲品
825 to drift	826 to drill	827 drill	828 drink
滴下	我小心**駕駛**。	瘋狂的**司機**	飲
830 to drip	831 I drive carefully.	832 crazy driver	829 to drink
毛毛雨 這場雨變成了毛毛雨。 The rain has become a light drizzle.	流口水	每次一滴	我們的客人把酒杯掉下了。
833 drizzle	834 to drool	835 drop	836 to drop

837-856　　　　　　　　　　　　　　　　　　　　　　　　　　　　dwarf

有空順道探訪我吧!	爸爸將小貓送到獸醫處。	他退出賽跑。	我很想睡。
837　to drop in	838　Dad drops off the cat at the vet.	839　to drop out	840　I feel drowsy.
鼓	乾的	曬乾	乾洗商
841　drum	842　dry	843　to dry	844　dry cleaner
把濕的衣服放入乾衣機內。	公爵夫人	鴨	決鬥
845　dryer	846　duchess	847　duck	848　duel
公爵	垃圾堆	傾倒	自動卸貨卡車
849　duke	850　dump	851　to dump	852　dumptruck/lorry*
這個賊被困在地牢裏。	黃昏	灰塵	侏儒
853　dungeon	854　dusk	855　dust	856　dwarf

E

857-875

	每隻白兔都有一個紅蘿蔔。 **857** Each rabbit has a carrot.	鷹是稀有的飛禽 **858** eagle	耳朵 **859** ear
辰早的太陽 **860** early	得到，賺 媽媽的薪金優厚。 小叮**得到**一個假期。 先**賺**後用 Mom earns a good wage. Ting has earned a holiday. You must earn it before you spend it. **861** to earn	地球 **862** Earth	鏟地 **863** earth
地震 **864** earthquake	畫架 **865** easel	東西方是相反的。 **866** east	游泳很容易。 **867** Swimming is **easy**.
吃 **868** to eat	吃早餐 **869** to eat breakfast	吃午餐 **870** to eat lunch	吃正餐 **871** to eat dinner/supper*
回聲 **872** echo	日蝕 **873** eclipse	這棵樹位於邊緣。 **874** The tree is at the **edge**.	鱔 **875** eel

876-895　　　　　　　　　　　　　　　　　　　　　　　　　　　　enemies

母雞下了**蛋**。 876　egg	茄子 877　eggplant/aubergine*	 878　eight	第八 879　eighth
有彈力 880　elastic	肘 881　elbow	選舉 政府由**選舉**產生。 誰在**選舉**勝出？ **選舉**的結果非常接近。 Elections are held to choose the government. Who won the election? The election was very close. 882　election	電工 883　electrician
電力 884　electricity	大象 885　elephant	升降機 886　elevator/lift*	麋鹿 887　elk
榆樹 888　elm	小羽使他尷尬了。 889　to embarrass	擁抱 890　to embrace	刺繡 891　embroidery
緊急情況 892　emergency	罐是**空的**。 893　The jar is **empty**.	路的**盡頭**。 894　This is the **end**.	終有一天，他們會化敵為友。 895　enemies

engine   896-915

#	中文	English
896	汽車引擎	engine
897	工程師	engineer/engine driver*
898	享受	to enjoy
899	巨大的恐龍	enormous dinosaur
900	足够了。	That is enough.
901	進入	to enter
902	入口	entrance
903	信封	envelope
904	相等	equal
905	赤道	equator
906	爲…辦事，差事 — 小叮在爲爸爸辦事。她今早有很多差事。	Ting is running an errand for Dad. She has many errands this morning.
907	自動電梯方便人們上落。	escalator
908	牠及時逃脫了。	to escape
909	歐洲	Europe
910	蒸發	evaporation
911	四是一個雙數。	Four is an even number.
912	平面	an even surface
913	常綠樹	evergreen
914	每一 — 小叮差不多每天都鋪床。媽媽要每次叮囑她嗎？	Ting makes her bed almost every day. Must Mom tell her every time?
915	有些考試很容易。	exam

檢查 916 to examine	榜樣，例子 小叮有時不是個好**榜樣**。 **舉例**使人容易明白。 Sometimes Ting does not set a good example. Things are easier to understand when you give an example. 917 example	感嘆號 918 exclamation mark	對不起! 919 Excuse me!
小莉**做運動**來保持健康。 920 to exercise	**存在** 當小叮說:「沒這種事。」 也就是說:「這不**存在**。」 Ting said, "There is no such thing," and she meant "It does not exist". 921 to exist	出去 922 to exit/leave*	這氣球會脹爆為止。 923 to expand
預料，期望 我們**預料**你兩點鐘到。 爸爸**期望**你做個乖孩子。 We expect you at two o'clock. Dad expects you to be good. 924 to expect	昂貴 925 expensive	實驗 926 experiment	專家 927 expert
讓我**解釋**給你聽。 928 to explain	探索 929 to explore	爆炸 930 explosion	滅火器 931 extinguisher
眼睛 932 eye	眼眉毛 933 eyebrow	眼鏡 934 eyeglasses/spectacles*	眼睫毛 935 eyelash

F

936 螞蟻與草蜢的**寓言** fable	937 面孔 face	938 工廠 factory	
939 小華考試不及格。 to fail	940 發生故障 to fail	941 遊藝會 fair	942 仙子會賜你一個願望。 fairy
943 信任，誠意 我們**信任**你。 小叮**誠意**地接受。 We have faith in you. Ting accepted it in good faith.	944 偽造的**畫** fake painting	945 樹葉在秋天落下。 fall/autumn*	946 落下 to fall
949 假的警鐘 false alarm	950 家庭 family	947 跌倒 to fall down	948 跌下 to fall off
951 著名女演員 famous actress	952 風扇 fan	953 花式衣服 fancy clothes	954 尖牙 fang

這城市很遙遠。 955 The city is **far** away.	告別了! 956 **Farewell**!	我們的食物來自農場。 957 **farm**	農夫 958 **farmer**
快速 959 **fast**	我扣上安全帶。 960 I **fasten** my seatbelt.	小伸喜歡吃糖，所以他很胖。 961 **fat**	服毒會致命。 962 **fatal**
父親 963 **father**	水龍頭在滴水。 964 **faucet/tap***	這是誰的過錯? 965 Whose **fault** is it?	爲人做事 你能爲我做一件事嗎? 小叮很乖，她喜歡爲人做事。 Can I ask you a **favor**? Ting is nice and likes doing people **favors**. 966 **favor/favour***
我最喜愛的味道 967 **favorite/favourite***	懼怕最壞的事情 968 to **fear** the worst	盛宴 969 **feast**	一定有隻鳥丟了這羽毛。 970 **feather**
二月是每年的第二個月。 971 **February**	莎莎在餵嬰兒。 972 to **feed**	我覺得很好。 973 I **feel** well.	雌鳥會下蛋。 974 **female**

fence　　　　　　　　　　975-994

#	中文	English
975	柵欄	fence
976	擋泥板	fender/wing*
977	鳳尾草	fern
978	小輪	ferry
979	節日	festival
980	小信發高燒。	fever
981	很少人來。	Few people came.
982	曠野	field
983	小秀排行第五。	fifth
984	他們很頑皮，常常打架。	to fight
985	銼修	to file
986	填	to fill
988	照相機的菲林	film
989	骯髒的豬	filthy
990	這是鯊魚的翅。	fin
987	填滿	to fill up
991	超速罰款	fine
992	我很好。	I am fine.
993	手指	finger
994	指紋	fingerprint

995-1014   to **flap**

#	中文	English
995	完成	to finish
996	樅樹有針葉。	fir
997	火災	fire
998	消防車	fire engine
999	太平梯	fire escape
1000	爆竹	firecracker/banger*
1001	消防員	firefighter
1002	壁爐	fireplace
1003	緊緊的，公司 小叮**緊緊**的握手。 小李的**公司**製造玩具。 Ting has a firm handshake. Li's firm makes toys.	firm
1004	人龍中，排第一	first
1005	魚	fish
1006	釣魚	to fish
1007	魚鈎	fishhook
1008	拳頭	fist
1009	五	five
1010	你認為他會修理得好嗎？	to fix
1011	海盜旗	flag
1012	雪花片片	flake
1013	火焰	flame
1014	牠在**拍打**雙翼。	to flap

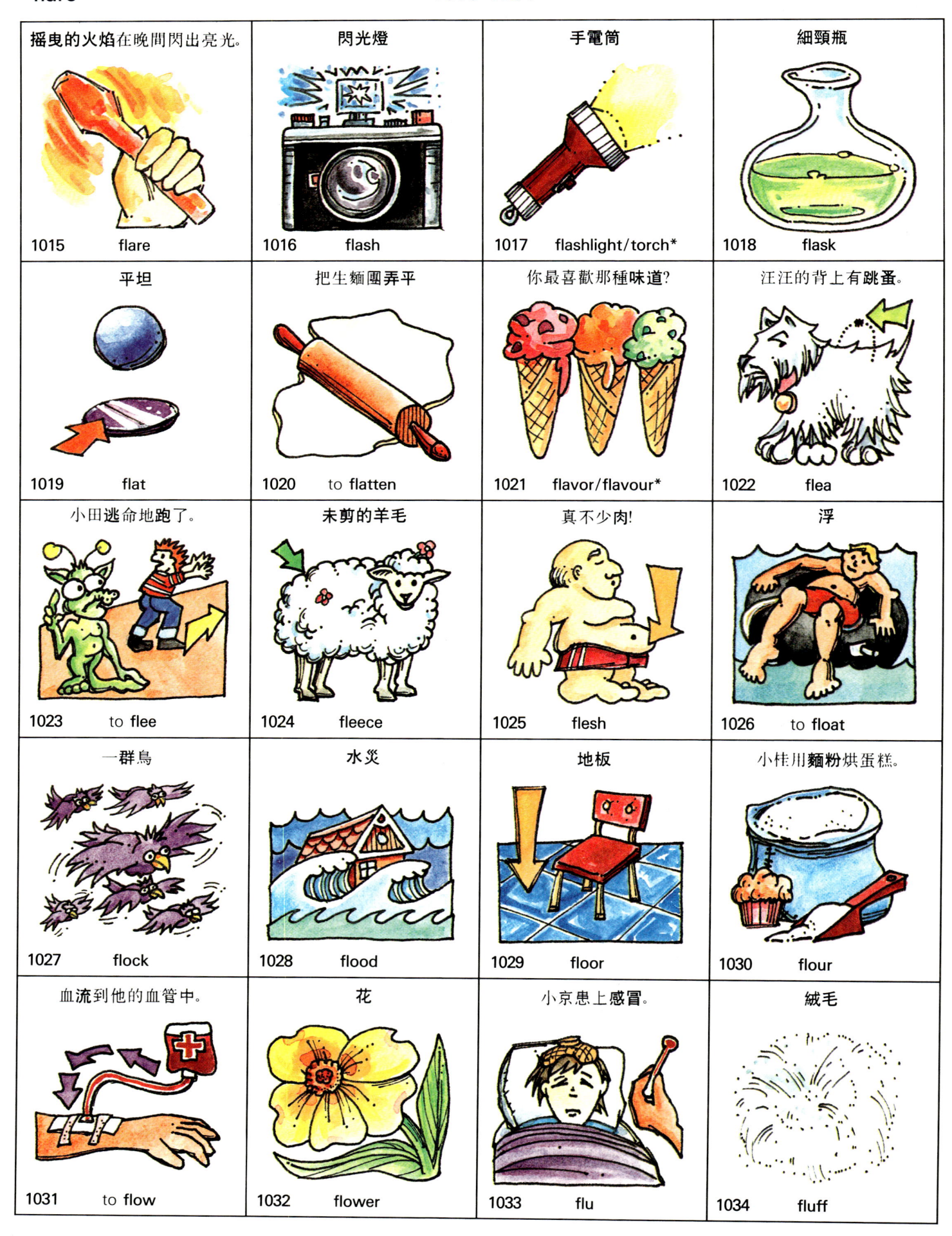

搖曳的火焰在晚間閃出亮光。 1015 flare	閃光燈 1016 flash	手電筒 1017 flashlight/torch*	細頸瓶 1018 flask
平坦 1019 flat	把生麵團弄平 1020 to flatten	你最喜歡那種味道? 1021 flavor/flavour*	汪汪的背上有跳蚤。 1022 flea
小田逃命地跑了。 1023 to flee	未剪的羊毛 1024 fleece	真不少肉! 1025 flesh	浮 1026 to float
一群鳥 1027 flock	水災 1028 flood	地板 1029 floor	小桂用麵粉烘蛋糕。 1030 flour
血流到他的血管中。 1031 to flow	花 1032 flower	小京患上感冒。 1033 flu	絨毛 1034 fluff

1035-1054　　　　　　　　　　　　　　　　　　　　　　　　fork

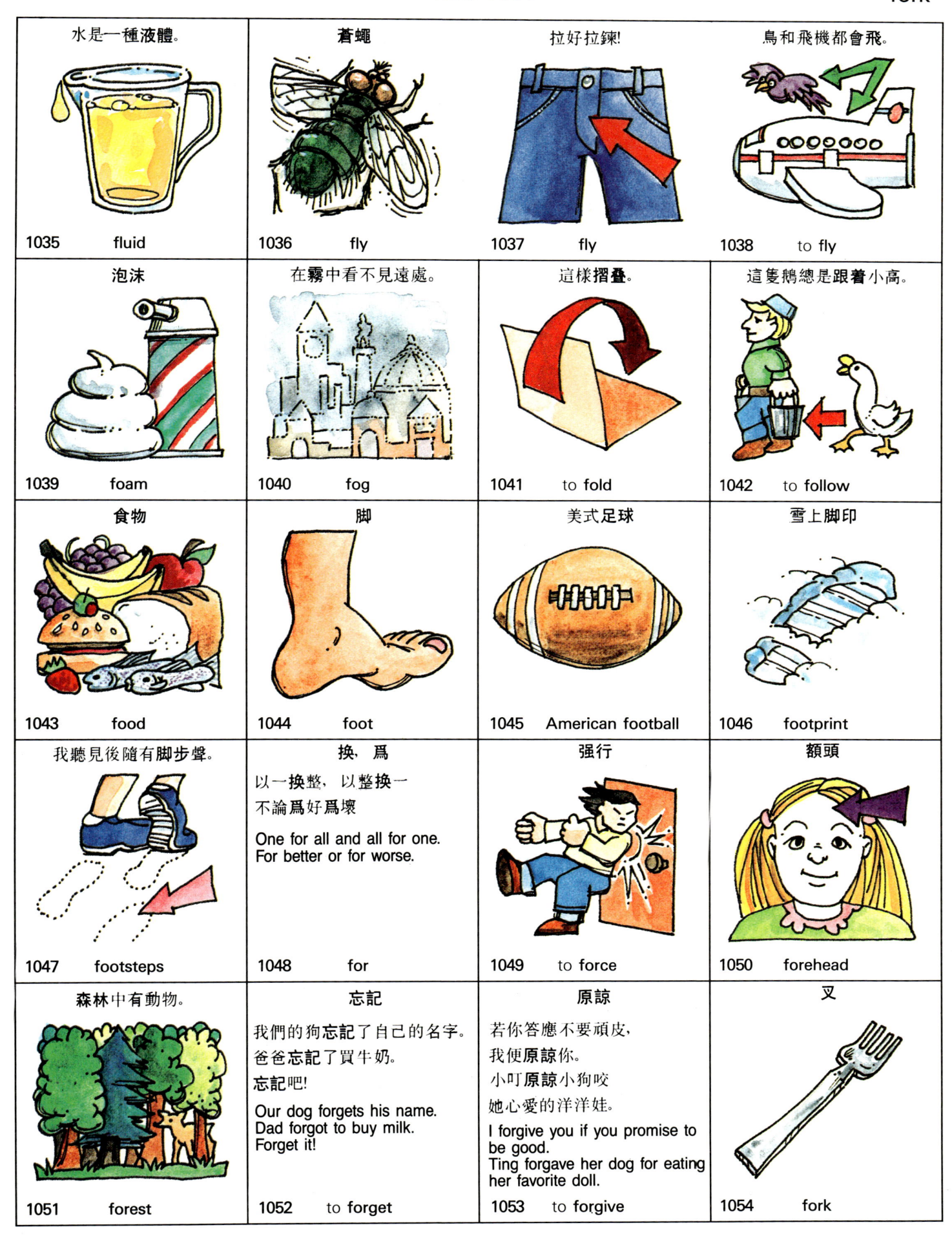

水是一種液體。 **1035** fluid	**蒼蠅** **1036** fly	拉好拉鍊! **1037** fly	鳥和飛機都會飛。 **1038** to fly
泡沫 **1039** foam	在霧中看不見遠處。 **1040** fog	這樣摺叠。 **1041** to fold	這隻鵝總是跟着小高。 **1042** to follow
食物 **1043** food	脚 **1044** foot	美式足球 **1045** American football	雪上脚印 **1046** footprint
我聽見後隨有脚步聲。 **1047** footsteps	換, 爲 以一換整, 以整換一 不論爲好爲壞 One for all and all for one. For better or for worse. **1048** for	强行 **1049** to force	額頭 **1050** forehead
森林中有動物。 **1051** forest	忘記 我們的狗**忘記**了自己的名字。 爸爸**忘記**了買牛奶。 **忘記**吧! Our dog forgets his name. Dad forgot to buy milk. Forget it! **1052** to forget	原諒 若你答應不要頑皮, 我便**原諒**你。 小叮**原諒**小狗咬 她心愛的洋洋娃。 I forgive you if you promise to be good. Ting forgave her dog for eating her favorite doll. **1053** to forgive	叉 **1054** fork

forklift 1055-1074

叉式起重機 1055 forklift	形體 1056 form/tailor's dummy*	士兵守着要塞。 1057 fort	向前，期望 向前走至前門。 你**期望**生日快到來嗎？ Go forward until you reach the front door. Are you looking forward to your birthday? 1058 forward
這化石原是一條魚。 1059 fossil	惡臭的氣味 1060 foul odor/odour*	房屋的地基 1061 foundation	噴水池 1062 fountain
狡猾的狐狸 1063 fox	整個餡餅的小部份 1064 fraction	蛋是十分易碎的。 1065 fragile	框子 1066 frame
你也有雀斑嗎？ 1067 freckle	自由 1068 free	小笠的橙汁結了冰。 1069 to freeze	從樹上新鮮摘下 1070 fresh
星期五 **星期五**代表週末快到來。 Friday means the weekend is coming. 1071 Friday	雪櫃 1072 fridge	朋友 1073 friends	小伊每次都把他嚇驚。 1074 to frighten

1075-1094 fuse

青蛙 **1075** frog	我從火星來。 **1076** I am from Mars.	前面 **1077** front	窗前有霜。 **1078** frost
他為何皺起眉頭? **1079** to frown	水果比糖果有益多了。 **1080** fruit	煎 **1081** to fry	煎鍋 **1082** frying pan
汽車需要燃料。 **1083** Cars need fuel.	滿的 **1084** full	真有樂趣 **1085** having fun	慈善基金幫助貧苦人士。 **1086** charity fund
他們出席了喪禮。 **1087** funeral	從漏斗倒進去 **1088** funnel	有趣，不舒服 媽媽不覺得那很有趣。 小叮吃了那蘑菇後， 有點不舒服。 Mother does not think that is funny. Ting felt funny after eating that mushroom. **1089** funny	夏天穿皮草! **1090** fur coat
房屋若沒有暖爐，便會很冷。 **1092** furnace/boiler*	傢俬 **1093** furniture	保險絲是否燒了? **1094** fuse	咪咪是隻多毛的貓。 **1091** furry

G

1095 gale — 大風

1096 gallery — 畫廊

1097 to gallop — 馬能夠慢跑，飛馳或疾走。

1098 game — 小倪喜歡玩遊戲。

1099 gander — 雄鵝

1100 gang — 一幫歹徒

1101 gap — 小叮的門牙間有隙縫。

1102 garage — 汽車在車房裏。

1103 garbage/rubbish* — 垃圾

1104 garbage can/rubbish bin* — 垃圾桶

1105 vegetable garden — 菜園

1106 to gargle — 漱口

1107 garlic — 大蒜的味道很濃。

1108 garter — 吊襪帶

1109 gas — 氣，氣體
氣球內剩滿氣。
有些氣體比空氣輕。
The balloon was filled with gas.
Some gases are lighter than air.

1110 gas/petrol* — 汽油

1111 gas pedal/accelerator* — 油門踏板即是加速器。

1112 gas/petrol pump* — 泵油機

1113 gas/petrol station* — 加油站

1114-1133 — to get up

閘門 **1114** gate	她在採集花朵。 **1115** to gather	齒輪 **1116** gears	寶石 **1117** gem
將軍是位高級的軍官。 **1118** general	慷慨的朋友 **1119** a generous friend	溫文的人 **1120** a gentle person	爸爸是個真的君子。 **1121** gentleman
真正的豬。 **1122** a genuine pig	我們都讀地理。 **1123** geography	天竺葵 **1124** geranium	小沙鼠 **1125** gerbil
細菌引致疾病。 **1126** germ	捉這老鼠! **1127** Get that mouse!	我想取回這書。 **1128** I want to get it back.	小叮慢慢地踏入泳池。 **1129** to get in the pool
小叮踏下來…… **1130** to get off	又踏上去。 **1131** to get on	她把垃圾棄置。 **1132** to get rid of	她很早起床。 **1133** to get up

ghost 1134-1153

你怕鬼嗎?	巨人	禮物	巨大的鯨魚。
1134 ghost	1135 giant	1136 gift	1137 gigantic

傻笑	魚是用鰓來呼吸的。	薑是一種香料。	好味的小薑餅。
1138 to giggle	1139 gills	1140 ginger	1141 gingerbread

吉普賽人的大蓬車	長頸鹿比太陽還要高嗎?	女童	她把雨傘交給小儀。
1142 gipsy	1143 giraffe	1144 girl	1145 to give

冰河	我很高興。	窗是用玻璃做的。	小儀在雨停後把傘歸還。
1148 glacier	1149 I am glad.	1150 glass	1146 to give back

你戴眼鏡嗎?	滑行	玻璃杯	我投降了!
1152 glasses	1153 to glide	1151 glass	1147 I give up!

1154-1173　　　　　　　　　　　　　　　　　　　　　　　to govern

滑翔機是架沒有引擎的飛機。 1154　glider	手套 1155　gloves	膠水把東西黏着。 1156　glue	去 1157　to go
守門員防守球門。 1161　goal	這是公的山羊還是母的山羊? 1162　goat	護目鏡保護她的眼睛。 1163　goggles	他下去工作。 1158　to go down
金條 1164　gold	金魚 1165　goldfish	張叔叔打高爾夫球。 1166　golf	汪汪進去小睡一會。 1159　to go in
這食物好味道。 1167　good	媽媽再見! 1168　Goodbye!	雌鵝 1169　goose	小積沿着豆莖攀上去。 1160　to go up
醋栗 1170　gooseberry	她自以為美麗極了。 1171　gorgeous	大猩猩 1172　gorilla	管治 政府**管治**國家。 **管治**國家並沒有看來容易。 The government governs the country. It is not as easy to govern a country as it seems. 1173　to govern

government 1174-1193

1174 government
政府
這**政府**是由人民所選的。
小叮的爸爸是個海軍司令，他替**政府**做事。
The **government** is elected by the people.
Ting's dad, the admiral, works for the **government**.

1175 to grab
他**奪取**別人的雪糕。

1176 He is very gracious.
他十分**有禮**。

1177 grade / form*
我讀一**年級**。

1178 grain
我們收割**穀物**以製麵粉。

1179 gram
一公斤等於一千**克**。

1180 grandchild
孫兒

1181 grandfather
祖父

1182 grandmother
小叮的**祖母**喜歡烘蛋糕。

1183 granite
花崗岩是一種堅硬的石。

1184 to grant
批准，賜
我**批准**你缺席十天。
這好仙子會**賜**你三個願望。
I **grant** you ten days' leave of absence.
The good fairy will **grant** you three wishes.

1185 grapes
一串**葡萄**

1186 grapefruit
西柚

1187 graph
統計圖表

1188 grass
草

1189 grasshopper
草蜢

1190 grater
刨菜板

1191 grave
墳墓

1192 gravel
路邊散滿**碎石**。

1193 Gravity makes apples fall.
地心吸力使蘋果落下。

1194-1213   to groom

牛在田間吃草。 **1194** to graze	潤滑油會停止這刺耳聲。 **1195** grease	多麼好的玩具。 **1196** a great toy	貪心 **1197** greedy
綠色 **1198** green	青豆 **1199** green bean	溫室 **1200** greenhouse	小榮總跟女士打招呼。 **1201** to greet
灰色 **1202** grey*/gray	烤 **1203** to grill	骯髒 **1204** grimy	小兆高興地咧嘴而笑。 **1205** to grin
媽媽把肉磨碎以備晚餐。 **1206** to grind/to mince*	抓緊把手 **1207** to grip	呻吟 **1208** to groan	糧食雜貨商 **1209** grocer
新郎新娘。 **1211** groom	馬夫照顧馬匹。 **1212** groom	小晶在打扮自己。 **1213** to groom	購買糧食雜貨。 **1210** shopping for groceries

groove   1214-1233

槽 **1214** groove	這東西多髒腫。 **1215** gross/disgusting*	地面 **1216** ground	土拔鼠 **1217** groundhog
一群人 **1218** group	生長 **1219** to grow	咆哮 **1220** to growl	成人 **1221** grown-up
看守 **1222** to guard	好，讓我猜測一下…… **1223** to guess	他讓客人進來。 **1224** guest	他帶領客人到房間去。 **1225** to guide
有罪，犯罪 小叮說自己沒有罪。 誰犯了偷竊罪? 偷了糖果罐的小偷當然有罪。 Ting says she is not guilty. Who is guilty of this theft? The thief who took the candy jar is certainly guilty. **1226** guilty	天竺鼠胃口極大。 **1227** guinea pig	結他 **1228** guitar	墨西哥灣 **1229** Gulf of Mexico
海鷗住在水邊。 **1230** gull	保持牙床健康，常常清潔。 **1231** gum	咀香口膠不是個好習慣。 **1232** gum/chewing gum*	雨水在排水溝裏流着。 **1233** gutter

H

	壞習慣	黑綫鱈	突然而來的雹暴
	1234 bad habit	1235 haddock	1236 hail

小叮的姊姊有很多頭髮。	頭刷	理髮師	這個吹髮器真不小。
1237 hair	1238 hairbrush	1239 hairdresser	1240 hairdryer

你要另外的一半嗎?	門廳	萬聖節前夕	走廊
1241 half	1242 hall	1243 Halloween/Hallowe'en*	1244 hallway/corridor*

士兵在門外立定。	鎚子	小敦把釘子鎚打好。	吊床
1245 to halt	1246 hammer	1247 to hammer	1248 hammock

倉鼠	手	派發	手煞車器
1249 hamster	1250 hand	1251 to hand out	1252 hand brake

handcuffs 1253-1272

手銬 **1253** handcuffs	傷殘，障礙 盲是一種傷殘。 人能排除任何障礙。 Being blind is a handicap. People can overcome any handicap. **1254** handicap	把手 **1255** handle	扶手 **1256** handrail
他自以為十分英俊。 **1257** handsome	手巧的人 **1258** handy person	把畫掛好! **1259** to hang	緊握 **1260** to hang on
飛機庫 **1262** hangar	把外套掛在衣架上。 **1263** hanger	手帕 **1264** handkerchief	掛起 **1261** to hang up
意外常會發生。 **1265** Accidents happen.	他很快樂。 **1266** He is happy.	船隻停泊在海港裏。 **1267** harbor/harbour*	太過堅硬了! **1268** hard
野兔 **1269** hare	切勿傷害小動物! **1270** to harm	口琴 **1271** harmonica	馬兒套上了馬具。 **1272** harness

豎琴 1273 harp	嚴冬 1274 a harsh winter	小賓收割穀物。 1275 to harvest	帽子 1276 hat
小雞孵出了。 1277 to hatch	短柄小斧 1278 hatchet	小石用力拖着重擔。 1279 to haul	鬧鬼的房屋 1280 haunted house
小春想要小夏的洋娃娃。 1281 to have	鷹 1282 hawk	馬兒吃的乾草 1283 hay	烟霞使天色模糊。 1284 Haze makes for a hazy day.
榛樹 1285 hazel	榛子 1286 hazelnut	頭 1287 head	我頭痛。 1288 I have a headache.
頭墊 1289 headrest	他的斷足日漸痊愈。 1290 to heal	健康的花 1291 healthy flower	一大堆垃圾 1292 heap/pile*

to hear　　　　　　　　　　1293-1312

我聽見一把聲音。	心臟	燒熱	暖氣設備
1293　I hear a voice.	1294　heart	1295　to heat	1296　heater/radiator*
用力舉	天堂	一頭重的大象	你修剪了樹籬嗎?
1297　to heave	1298　heaven	1299　one heavy elephant	1300　hedge
刺猥與箭豬不同。	脚跟	直升機	地獄
1301　hedgehog	1302　heel	1303　helicopter	1304　hell
喂	船的舵盤處	軍人戴頭盔。	小叮的媽媽亦喜歡幫助別人。
1305　hello	1306　helm	1307　helmet	1308　to help
小嬰兒要依賴他人。	衣服折邊	南半球	母鷄
1309　helpless	1310　hem	1311　hemisphere	1312　hen

1313-1332 hijack

七角形有七邊。 **1313** heptagon	草本植物 **1314** herbs	一群牛 **1315** herd	過來這裏! **1316** Come here!
隱士獨居。 **1317** hermit	男英雄 **1318** hero	女英雄 **1319** heroine	鯡魚 **1320** herring
小寶跳水前猶豫了一會。 **1321** to hesitate	六角形有六邊。 **1322** hexagon	熊在整個冬天都冬眠。 **1323** to hibernate	打呃 **1324** to hiccup/hiccough*
獸皮 **1325** hide	躲藏 **1326** to hide	藏身處 **1327** hiding-place	高山 **1328** a high mountain
高樓大廈 **1329** highrise/tower block*	中學 **1330** high school/secondary school*	高速公路 **1331** highway/motorway*	劫機 **1332** to hijack a plane

hill 1333-1352

小山頂上有顆樹。 **1333 hill**	鉸鏈 **1334 hinge**	後腿 **1335 hind legs**	把手放在臀部上 **1336 hand on hip**
河馬 **1337 hippopotamus**	我讀歷史。 **1338 I study history.**	打中釘子。 **1339 to hit**	蜜蜂住在蜂箱裏。 **1340 hive**
貯藏 **1341 to hoard**	聲音嘶啞 **1342 hoarse voice**	媽媽的嗜好是編織。 **1343 hobby**	我哥哥是個曲棍球手。 **1344 hockey/ice hockey***
鋤頭 **1347 hoe**	小叮抱着小猫咪咪。 **1348 to hold**	小叮不應把咪咪垂下。 **1349 to hold down**	曲棍球盤 **1345 hockey puck**
洞穴 **1350 hole**	王叔叔 得到此假期。 **1351 holiday**	松鼠住在空心樹裏。 **1352 hollow tree**	曲棍球棒 **1346 hockey stick**

冬青樹及它的槳果 **1353** holly	牛在印度是**神聖**的。 **1354** a **holy** cow	松鼠在**家**裏。 **1355** home	家課 **1356** homework
他**誠實**嗎? **1357** Is he **honest**?	熊喜歡吃**蜜糖**。 **1358** honey	蜂巢 **1359** honeycomb	蜜瓜 **1360** honeydew melon
響喇叭 **1361** to **honk**	榮譽 **1362** honor/honour*	小叮的外衣有**兜帽**。 **1363** hood	**引擎**就在**蓋下**。 **1364** hood/bonnet*
馬蹄 **1365** hoof	鈎 **1366** hook	跳過這圈。 **1367** jump through a **hoop**	彈跳 **1368** to **hop**
我**希望**勝出。 **1369** I **hope** to win.	無藥可救的騎師 **1370** hopeless	跳房子的遊戲 **1371** hopscotch/hop-scotch*	太陽升出地平綫。 **1372** horizon

horizontal　　　　　　　　　　1373-1392

橫的 — 1373 horizontal	喇叭 — 1374 horn	法國號 — 1375 French horn	角 — 1376 horn
大黃蜂能刺人。 — 1377 hornet	馬 — 1378 horse	辣根 — 1379 horseradish	帶來好運的馬蹄鐵 — 1380 horseshoe
軟水管 — 1381 hose	醫院 — 1382 hospital	天氣真熱。 — 1383 hot	真是辣壞了我的舌頭。 — 1384 hot
出外旅行時，我們住在酒店。 — 1386 hotel	一小時有六十分鐘。 — 1387 hour	沙漏 — 1388 hourglass	辣椒 — 1385 hot pepper
房屋 — 1389 house	氣墊船 — 1390 hovercraft	我會教你怎樣做。 — 1391 I will show you how.	嚎叫 — 1392 to howl

hyphen

輪軸蓋 1393　hub cap	越桔 1394　huckleberry	聚起來 1395　to huddle	巨大 1396　huge
船殼 1397　hull	蜂鳥 1398　hummingbird	駝峰 1399　hump	一百 1400　hundred
她很餓。 1401　She is hungry.	狩獵 1402　to hunt	用力投 1403　to hurl	誰替暴風起名? 1404　hurricane
趕快 1405　to hurry	我的手腕很痛。 1406　My wrist hurts.	丈夫妻子 1407　husband	茅屋 1408　hut
櫥櫃 1409　hutch/sideboard*	風信子 1410　hyacinth	詩歌班唱聖詩。 1411　hymn	連字號 連字號是用來連接複合字的短劃。 Hyphens are short lines between words that belong together. 1412　hyphen

1413-1431

	玻璃杯內的**冰塊**	雪糕	冰山能使船隻沉沒。
	1413 ice	1414 ice cream	1415 iceberg
冰柱	蛋糕上的糖衣	她剛有個**主意**!	孿生姊妹的樣子**完全相同**。
1416 icicle	1417 icing	1418 idea	1419 identical twins
白痴	閒着	如果 **如果**我可以，我會買給你。 I would buy it for you if I could.	雪塊圓頂小屋
1420 idiot	1421 idle	1422 if	1423 igloo
點火匙	小達已經**病**了幾天。	照明	圖解 書中的圖畫叫**圖解**。 這本字典有很多**圖解**。 Pictures in a book are called illustrations. This dictionary has many illustrations.
1424 ignition key	1425 ill	1426 to illuminate	1427 illustration
重要 這是一件**重要**的事。 對小叮**重要**的， 對小噹不一定**重要**。 This is an important matter. What is important to Ting may not be important to Dong. 1428 important	在屋裏，進去 小瑩**在屋裏**嗎? 跳**進**湖裏去吧! Is Ying in? Go jump in the lake! 1429 in	香爐。 1430 incense	一呎有十二吋。 1431 inch

1432–1451　　　　　　　　　　　　　　　　　　　　　　　　instructor

索引
有些書後附有字表，那就是**索引**。
At the back of some books, there is a list of words called an index.
1432　index

深藍色
1433　indigo

戶內
1434　indoors

嬰兒
1435　infant

何姨姨患上**傳染**病。
1436　infection

傳染的，具感染力
你這樣可能會患上**傳染**病。
爸爸的笑聲很**具感染力**。
You could catch an infectious disease.
Dad has an infectious laugh.
1437　infectious

你不應該向他人告密。
1438　to inform

這熊**居住**在山洞裏。
1439　The bear inhabits a cave.

你英文姓名的**首字母**是甚麼？
1440　initials

在手臂**注射**
1441　injection

損傷
1442　injury

墨水
1443　ink

昆蟲種類繁多。
1444　insect

盒子**裏面**……
1445　inside

我必定要**堅持**。
1446　to insist

檢查
1447　to inspect

喝湯要用羹，**而不是**用叉。
1449　Use a spoon instead of a fork!

指示
1450　instruction

導師
1451　instructor

檢查員
1448　inspector

insulation　　　1452-1471

隔熱裝置 房屋的牆裏有**隔熱裝置**。 There is **insulation** in the walls of the house. 1452　insulation	**十字路口** 1453　intersection/crossroads*	**面試** 1454　interview	小澤**進入**房間。 1455　**into** the room
小妮**介紹**他們認識。 1456　to introduce	北歐的海盜**侵略**過其他國家。 1457　to invade	有些成為了**傷殘者**。 1458　invalid	他真的**發明**了樹？ 1459　to invent
隱形人 1460　invisible	**邀請咭** 1461　invitation	他正在**邀請**她。 1462　He is **inviting** her.	**蝴蝶花** 1463　iris
小虎**熨**好了自己所有的**衣服**。 1464　to iron	**熨斗** 1465　iron	**鐵**面具 1466　iron mask	**島** 1467　island
發癢 小叮碰過有毒的常春藤， 渾身**發癢**。 Ting got a bad **itch** from poison ivy. 1468　itch	**抓癢** 1469　to itch	我的皮膚很**痕癢**。 1470　My skin is **itchy**.	**常春藤**攀牆生長。 1471　ivy

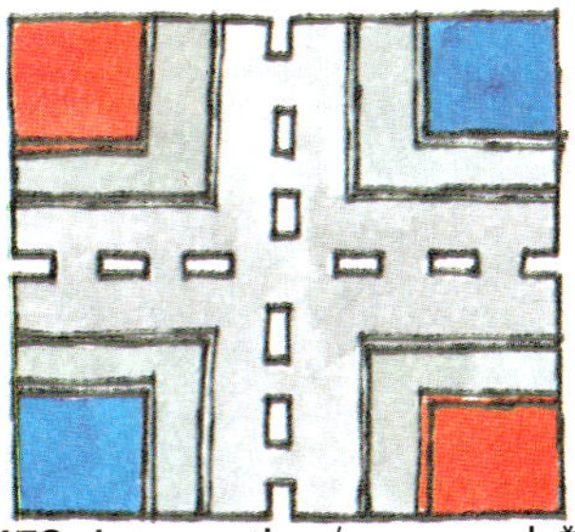

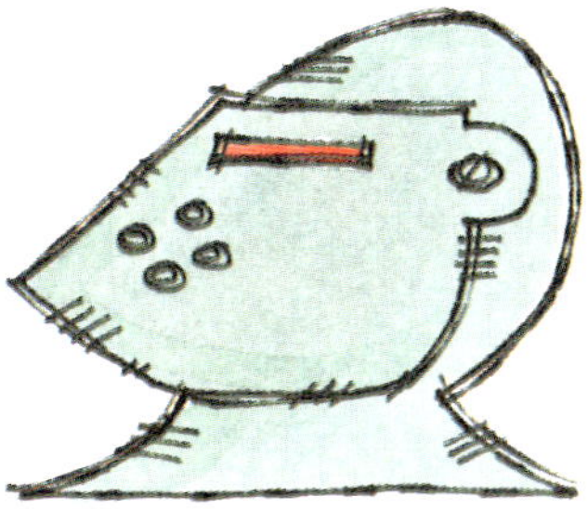

job

1472	小德在旁猛推我。	to jab
1473	這件短外套大小對嗎?	jacket
1474	封面紙套	dust jacket
1475	凹凸的邊	jagged edge
1476	監獄	jail/gaol*
1477	果醬	jam
1478	夾住	to jam
1479	一月是每年最先的一個月。	January
1480	廣口瓶	jar
1481	這條鯊魚有顎。	jaw
1482	牛仔褲	jeans
1483	吉普車	jeep
1484	啫喱作甜品	jelly
1485	噴射式引擎	jet engine
1486	噴射式飛機	jet plane
1488	珍貴的珠寶	jewel
1489	拼圖遊戲	jigsaw puzzle
1490	他在做一件工作。	doing a job
1487	一噴嘴的水	jet of water

jockey 1491-1510

騎師在賽馬。 1491 jockey	緩步跑 1492 to jog	把兩邊連接起來。 1493 to join	肘的關節 1494 joint
關叔叔以爲這玩笑很得意。 1495 joke	法官會作出判決。 1496 judge	耍把戲者 1497 juggler	鮮橙汁 1498 juice
七月時去游泳最舒服。 1499 July	跳躍 1500 to jump	跳進 1501 to jump in	猛撲 1502 to jump on
小茹是個跳躍好手。 1503 jumper	無袖套領罩衫 1504 jumper/pinafore*	跨接線 1505 jumper cables/jump leads*	六月時去打網球最好。 1506 June
叢林中有老虎。 1507 jungle	中國帆船 1508 junk	廢物即是垃圾。 1509 junk	剛，只是，公正 小叮剛回到家裏。 只是一點小意思。 法官是個公正的人。 Ting just got home. Just a little, thanks. The judge is a just person. 1510 just

K

	萬花筒	袋鼠	船脊骨
	1511 kaleidoscope	1512 kangaroo	1513 keel
汪汪喜歡它的**狗窩**。	穀粒	水壺	鑰匙
1514 kennel	1515 kernel	1516 kettle	1517 key
踢	這**小孩**是我的朋友。	小山羊	只有犯人**綁架**別人。
1518 to kick	1519 kid	1520 kid	1521 to kidnap
腎臟	獵人把獅子**殺**了。	把陶器放入**火爐**去燒。	一公斤等於一千克。
1522 kidney	1523 to kill	1524 kiln	1525 kilogram
一**公里**等於一千公尺。	蘇格蘭男士穿**格子呢百褶裙**。	裙子是一**種**服裝。	**仁慈**的女孩。
1526 kilometer/kilometre*	1527 kilt	1528 A dress is a **kind** of garment.	1529 **kind** girl

king 1530-1549

國王	翠鳥	報攤	燻鯡魚
1530 king	1531 kingfisher	1532 kiosk	1533 kippers
接吻	給我一個吻。	廚房	放風箏
1534 to kiss	1535 kiss	1536 kitchen	1537 kite
小貓會長成大貓。	奇異果	膝蓋	跪下
1538 kitten	1539 kiwi	1540 knee	1541 to kneel
小刀	你會編織毛衣嗎？	門的旋扭	敲門
1542 knife	1543 to knit	1544 knob	1545 to knock
繩結	知道，懂 你知道這是甚麼意思嗎？ 小叮略懂法文。 Do you know what it means? Ting knows some French.	指節	無尾熊在澳洲生長。
1546 knot	1547 to know	1548 knuckle	1549 koala bear

L

L	標貼上有警告指示。 1550 label	**實驗室** 1551 laboratory	漂亮的花邊衣領 1552 lace
梯子 1554 ladder	長柄构 1555 ladle	女士 1556 lady	小儐結好鞋帶。 1553 to lace
瓢蟲 1557 ladybug/ladybird*	纖指餅 1558 ladyfingers	獸穴裏有隻怪獸。 1559 lair	湖被陸地環繞。 1560 lake
小綿羊 1561 lamb	小驢的腿跛了。 1562 lame	燈 1563 lamp	燈柱 1564 lamp-post
長矛 1565 lance	陸地 1566 land	降落 1567 to land	着陸 1568 landing

landlord 1569-1588

1569 landlord
業主

我們住的大廈由**業主**所擁有。
我們每個月都交租給**業主**。

The apartment we live in belongs to our landlord.
We pay our landlord rent every month.

1570 lane
高速公路有多條行**車綫**。

1571 language
語言

英語是小叮的第一**語言**。
小叮想學另一種**語言**。

English is Ting's first language.
Ting wants to learn another language.

1572 lantern
提燈

1573 lap
寶寶坐在她的**膝**上。

1574 larch
落葉松

1575 lard
豬油

1576 large
大

1577 lark
百靈鳥

1578 lash
眼**睫毛**

1579 the last piece
最後一塊

1580 Some things do last.
有些東西是**恒久**不變的。

1581 to latch
請把門**閂**上。

1582 You are late.
你**遲到**會令人不悅。

1583 lather
剃鬍子用的**肥皂泡沫**

1584 to laugh
笑

1585 launch
汽艇把鄭先生及鄭太太送上岸。

1586 to launch
發射

1587 launchpad
發射臺

1588 laundry/washing*
骯髒待洗的衣物

小鳳往洗衣房**洗衣**。 1589 **laundry**/**launderette***	**薰衣草** 1590 **lavender**	遵守**法律**! 1591 Obey the **law**!	你有沒有修剪**草地**? 1592 **lawn**
鋪**瓷磚** 1594 to **lay** tiles	一**層**蓋一**層** 1595 **layer** upon **layer**	他很**懶惰** 1596 He is **lazy**.	**割草機** 1593 **lawn mower**
小富在**牽**馬。 1597 to **lead**	**隊長** 1598 **leader**	**樹葉** 1599 **leaf**	這個水桶**漏水**。 1600 to **leak**
比薩有一個**傾斜**了的塔。 1601 to **lean**	我**學習**閱讀。 1602 I **learn** to read.	狗**帶** 1603 **leash**/**lead***	皮鞋是用**皮革**做的。 1604 Shoes are made of **leather**.
把它**留**在這裏吧! 1605 to **leave**	小泛正要**離開**。 1606 to **leave**	窗**檯** 1607 **ledge** of a window	大青蔥 1608 **leek**

請在路口轉左。	他慣用左手。	一雙腿	獨眼神的傳說
1609 left	1610 He is left-handed.	1611 leg	1612 legend
檸檬	檸檬水	我借這本書給你。	鏡片
1613 lemon	1614 lemonade	1615 to lend	1616 lens
這頭豹在獵食。	緊身衣	這一邊較少。	智者給我們的教訓。
1617 leopard	1618 leotard	1619 There is less here.	1620 lesson
讓我走吧!	英文字母	小叮寫了這封信。	生菜
1621 Let me go!	1622 letter of the alphabet	1623 letter	1624 lettuce
平面	槓杆	說謊者	圖書館內要肅靜!
1625 level surface	1626 lever	1627 liar	1628 library

1629-1648　　　　　　　　　　　　　　　　limb

汽車執照牌	舔吃	瓶蓋	我知道他是否在說謊。
1629　licence plate/number plate*	1630　to lick	1631　lid	1632　to lie
這嬰兒的生命剛開始。	救生艇	舉起	躺下
1634　life	1635　lifeboat	1636　to lift	1633　to lie down
開燈	爸爸燃點蠟燭。	燈泡	她減輕這擔子。
1637　light/table lamp*	1638　to light	1639　lightbulb	1640　She lightens the load.
燈塔	閃電	避雷針	小蘭喜歡貓。
1641　lighthouse	1642　lightning	1643　lightning rod	1644　to like
很可能，像樣 小竹明天很可能不會來。 小叮，你倒說得像樣！ Juk is not likely to come tomorrow. Ting, that is a likely story!	紫丁香在春天開花。	復活節的百合花	樹的粗枝
1645　likely	1646　lilac	1647　lily	1648　limb

青檸 1649　lime	限制，限度 最高時速**限制**爲五十公里。 小漢的仁慈是無**限度**的。 The speed limit is 50 kilometers per hour. There is no limit to Hong's kindness. 1650　limit	我的鄰居**跛**着**行走**。 1651　to limp	你能畫一條直綫嗎? 1652　line
麻布織物 1653　linen	輪船 1654　liner	我外套的**襯裏**很厚。 1655　lining	連接 1656　to link
布絮 1657　lint	獅子 1658　lion	嘴唇 1659　lips	唇膏 1660　lipstick
水和牛奶都是**液體**。 1661　liquid	待辦事情的**一覽表** 1662　list	他們在**聽**演奏。 1663　They are listening.	公升 1664　liter/litre*
切勿亂丟垃圾! 1665　to litter	小蘋果 1666　a little apple	住，活，生活 小叮**住**在城市裏。 葉姨姨**活**了七十年。 到月球去**生活**會很困難。 Ting lives in the city. Aunt Yip lived seventy years. It would be difficult to live on the moon. 1667　to live	活潑 1668　lively

客廳 **1669** living room/lounge*	蜥蜴 **1670** lizard	小源在**裝**大炮。 **1671** to load	他們把卡車**裝滿**。 **1672** to load
一條新鮮的**麵包** **1673** loaf	借給 小菊借錢給小叮，因小叮把零用花光了。 Guk loaned Ting some money because she had spent her allowance. **1674** to loan/lend*	龍蝦 **1675** lobster	你有沒有把門**鎖**上? **1676** to lock
火車頭 **1678** locomotive	蝗蟲 **1679** locust	山上供滑雪時住的**小屋** **1680** lodge/chalet*	門上有一把鎖。 **1677** lock
閣樓 **1681** loft	圓木 **1682** log	波板糖 **1683** lollipop	孤獨 **1684** lonely
長頸鹿的頸很**長**。 **1685** long	看 **1686** to look	小叮用**織**機織頸巾。 **1687** loom	繩圈 **1688** loop

loose 1689-1708

錶帶太鬆了。 1689 loose	小越遺失了一隻手套。 1690 to lose	面霜保護她的皮膚。 1691 lotion	吵鬧的音樂震壞小玫的耳朵。 1692 loud
揚聲器 1693 loudspeaker	倚躺 1694 to lounge	愛 愛是十分重要的。 小叮認爲有愛即有一切。 Love is very important. Ting says that if you have love you have everything. 1695 love	我們彼此相愛。 1696 to love
可愛的 1697 lovely	長得很低的樹枝 1698 low branch	降低 1699 to lower	幸運 小旋真幸運被選中入營。 小叮有如此可愛的弟弟，真是幸運。 Suen was very lucky to be sent to camp. Ting is lucky to have such a cute little brother. 1700 lucky
行李 1701 luggage	溫水既不太冷亦不太熱。 1702 lukewarm water	媽媽唱催眠曲哄小寶寶睡覺。 1703 lullaby	木材 1704 lumber/timber*
腫塊 1705 lump	一頓簡單的午餐 1706 lunch	午餐盒 1707 lunchbox	肺的健康很重要。 1708 lung

M

雜誌	蛆是一種幼蟲。	不尋常的**魔術**。	
1709 magazine	1710 maggot	1711 magic	
磁石	多**華麗**的禮服！	放大鏡	魔術師
1713 magnet	1714 magnificent	1715 magnifying glass	1712 magician
鵲	郵寄	郵差	小基在**造**些甚麼？
1716 magpie	1717 to mail/post*	1718 mail carrier/postman*	1719 to make
小樂用了**化裝品**。	**雄性**及**雌性**	木槌	男人及女人
1720 makeup	1721 male	1722 mallet	1723 man
柑桔	**曼陀林**是一種樂器。	馬的頸毛叫**鬃毛**。	**芒果**是一種很甜的水果。
1724 mandarin	1725 mandolin	1726 mane	1727 mango

他很有**禮貌**。 1728 He has good **manners**.	**很多** 1729 many	**地圖** 1730 map	他想做一個**大理石**的雕像。 1731 marble
步操 1733 to march	三月是每年的第三個月。 1734 March	**母馬**是隻雌性的馬。 1735 mare	**波子** 1732 marbles
萬壽菊 1736 marigold	請在正確答案旁，**寫上記號**。 1737 to mark	你的**分數**很高。 1738 mark	你可以去**街市**買東西。 1739 market
結婚 1740 to marry	**沼澤** 1741 marsh	小叮常幫忙**壓碎**馬鈴薯。 1742 to mash potatoes	這只是個**面具**。 1743 mask
質量 1744 mass	每艘帆船都有**船桅**。 1745 mast	小綺已能**掌握**這種玩意。 1746 to master	網球**比賽** 1747 match

1748-1767　　　　　　　　　　　　　　to meet

切勿亂點**火柴**! **1748** match	**數學** **1749** mathematics	**不妥** 小峰有甚麼**不妥**? 他沒甚麼**不妥**, 只是看來愁眉苦臉。 What is the matter with Fung? Nothing is the matter with him, he just looks sad. **1750** matter	**床墊** **1751** mattress
五月是每年的第五個月。 **1752** May	**也許,可能** **也許**小叮應留在家裏。 答案不是行，也不是不行， 而是兩者都有**可能**。 Maybe Ting should stay home. The answer is not yes, and it is not no, it is maybe. **1753** maybe	**市長** **1754** mayor	**迷宮** **1755** maze
草原上佈滿花草。 **1756** meadow	**草百靈** **1757** meadowlark	一**餐飯** **1758** meal	**卑鄙的人** **1759** mean person
我有兩個朋友患上**麻疹**。 **1760** measles	**量度** **1761** to measure	**肉類** **1762** meat	**技工** **1763** mechanic
小雪贏得一個勇敢**獎章**。 **1764** medal	**藥物**使你覺得好些。 **1765** medicine	**中等** **1766** medium	**遇見** **1767** to meet

meeting 1768-1787

老師正在舉行**會議**。	水果裏有很多種瓜。	溶化	我們的會所有四名**會員**。
1768 meeting	1769 melon	1770 to melt	1771 Our club has four **members**.
餐牌	憐憫 我們任由天氣支配。 那群劫匪對人毫無憐憫。 We are at the mercy of the weather. The bandit showed no mercy to anyone.	美人魚	快樂
1772 menu	1773 mercy	1774 mermaid	1775 merry
真的**一團糟**	給你的**消息**	信差	金屬杯
1776 a real **mess**	1777 message	1778 messenger	1779 metal
隕石從外太空來。	計量器	一公尺約等於四十吋。	**方法**，**條理** 小叮有**方法**加速學習進度。 他表面雖瘋狂， 實在很有**條理**。 Ting has a method for learning quickly. There is method to his madness.
1780 meteorite	1781 meter	1782 meter/metre*	1783 method
拍子機	小倫對着**傳聲器**唱歌	顯微鏡	微波爐
1784 metronome	1785 microphone	1786 microscope	1787 microwave oven

1788-1807 to miss

中午 **1788** midday	在中間 **1789** in the middle	侏儒 **1790** midget	午夜 **1791** midnight
哩 一哩等於一點六公里。 最高時速限制為三十哩。 One mile equals 1.6 kilometers. The speed limit is 30 miles per hour. **1792** mile	牛奶 **1793** milk	磨坊 **1794** mill	驚人的才智 $E=MC^2$ **1795** mind
礦坑位於地底深處。 **1796** mine	礦工在研究那石頭。 **1797** miner	礦物 **1798** minerals	鰷魚 **1799** minnow
薄荷 **1800** mint	減 $7-5=2$ **1801** minus	一小時有六十分鐘。 **1802** minute	這奇蹟出現了問題。 **1803** miracle
沙漠中的海市蜃樓 **1804** mirage	鏡子 **1805** mirror	守財奴不肯與人分享。 **1806** miser	我很掛念我的家人。 **1807** to miss

missile   1808-1827

飛彈 1808 missile	小均在**薄霧**中迷了途。 1809 mist	槲寄生 1810 mistletoe	合指手套 1811 mittens
混合 1812 to mix	攪拌機 1813 mixer	壕溝裏滿是水。 1814 moat	模仿 1815 to mock
模仿鳥 1816 mockingbird	模型飛機 1817 model airplane/aeroplane*	現代化椅子 1818 modern chair	他的尿布**濕**了，但仍滿面笑容。 1819 moist
鼴鼠 1820 mole	我的臉上有顆**黑痣**。 1821 mole	請稍候片刻。 1822 One moment please.	星期一 **星期一**是每週的第一天。 逢**星期一**，小叮 都會很早起床。 Monday is the first day of the week. Every Monday, Ting gets up early. 1823 Monday
金錢 1824 money	猴子 1825 monkey	和尚魚 1826 monkfish	怪獸 1827 monster

1828-1847　　　　　　　　　　　　　　　　　　　　moustache

一年有十二個月。 **1828** month	英雄紀念像 **1829** monument	他的**心情**很好。 **1830** He is in a good **mood**.	他的**心情**很壞。 **1831** He is in a bad **mood**.
弦月 **1832** moon	麋鹿 **1833** moose	早上 **1834** morning	用**研鉢**及杵來研碎東西 **1835** mortar and pestle
鑲嵌圖案 **1836** mosaic	蚊子 **1837** mosquito	苔蘚 **1838** moss	母親 **1839** mother
電動機 **1840** motor	電單車 **1841** motorcycle	蛋糕模子 **1842** mould*/mold	土堆 **1843** mound
他騎上馬去工作。 **1844** to mount	高山 **1845** mountain	小鼠 **1846** mouse	小鬍子 **1847** moustache*/mustache

mouth　　　　　　　　　　1848-1867

嘴巴 1848 mouth	蝸牛移動緩慢。 1849 to move	左右搖擺 1850 movement	電影院 1851 movie/film*
修剪草地 1852 to mow the lawn	我有太多了! 1853 too much for me	他爲何坐在泥潭裏? 1854 mud	騾 1855 mule
乘 1856 multiply	腮腺炎 1857 mumps	謀殺是項嚴重罪行。 1858 to murder	肌肉 1859 muscle
博物館 1860 museum	有些磨菇有毒。 1861 mushroom	小叮喜愛音樂。 1862 music	小叮的媽媽是個音樂家。 1863 musician
青口住在海裏 1864 mussel	你必須跳下去。 1865 You must jump.	芥辣 1866 mustard	動物的口套 1867 muzzle

N

1868-1886 nectar

#	中文	English
1868	釘子	nail
1869	指甲	fingernail
1870	指甲刀	nail clipper
1871	釘牢	to nail
1872	裸體	naked
1873	我的名字是…	My name is…
1874	餐巾	napkin/serviette*
1875	太窄了，過不去	too narrow to pass
1876	冰島是一個國家	nation
1877	天然 — 吃天然食品是健康的。水果含有天然糖份。	natural — It is healthy to eat natural foods. Fruit contains natural sugar.
1878	大自然是美麗的。	nature
1879	她很頑皮。	She is naughty.
1880	測航	to navigate
1881	她較爲接近了。	near
1882	整潔	neat
1883	必要的痛楚	Not pleasant, but necessary.
1884	頭頸	neck
1885	頸鍊	necklace
1886	蜜蜂採花蜜以製蜜糖。	nectar

nectarine   1887-1906

1887	油桃	nectarine
1888	困境 患難見真情。 小叮常幫助困境中的朋友。	need A friend in need is a friend indeed. Ting always helps her friends in need.
1889	我需要水。	I need water.
1890	你會穿針嗎?	needle
1891	他不理會自己的狗。	He neglects his dog.
1892	馬兒在叫醒小叮。	to neigh
1893	鄰居	neighbors/neighbours*
1894	兩隻鞋的大小都不對。	neither one fits
1895	霓虹光招牌	neon sign
1896	侄兒是我哥哥的兒子。	My nephew is my brother's son.
1897	身體內滿佈神經綫。	nerve
1898	小才十分緊張。	nervous
1899	巢內有兩隻蛋。	nest
1900	蕁麻有刺。	nettle
1901	永不玩火!	Never play with fire!
1902	新的	new
1903	新聞，消息 媽媽在讀新聞。 這是好消息。 有没有家人的消息?	news Mom reads the news. The news is good. Any news from home?
1904	報紙	newspaper
1905	你是下一位。	Next!
1906	松鼠在細咬果仁。	to nibble

1907-1926　　　　　　　　　　　　　　　　　　　　nylon

其中一個是**好**孩子。 **1907 nice**	**鎳**是一種金屬。 **1908 nickel**	**綽號** 她的名字是小叮， **綽號**俏皮叮。 Her name is Ting but her nickname is Witty. **1909 nickname**	**侄女**是我哥哥的女兒。 **1910** My **niece** is my brother's daughter.
猫頭鷹在**晚上**狩獵。 **1911 night**	**夜鶯** **1912 nightingale**	**惡夢** **1913 nightmare**	九 **1914 nine**
答案是**不行**。 **1916 no**	**高尚** 韋先生品格既**高尚**又慷慨。 幫助那老婦橫過馬路 是一種**高尚**的行爲。 Mr. Wai is noble and generous. Helping that old lady across the street was a noble deed. **1917 noble**	**貴族** **1918 nobleman**	第九 **1915 ninth**
没有人坐在這裏。 **1919 nobody**	吵耳的**噪音** **1920 noise**	**正午**十二時 **1921 noon**	**北方** **1922 north**
我**鼻子**上有隻蚊子! **1923 nose**	**果仁** **1924 nuts**	**果仁鉗** **1925 nutcracker**	**尼龍長襪** **1926 nylon** stockings/tights*

1927-1945

	橡樹	這條鯊魚一定很喜歡船槳。	沙漠中的綠洲
O	1927 oak	1928 oar	1929 oasis

長形	觀察	船隻橫過海洋。	八角形有八邊。
1930 oblong	1931 to observe	1932 ocean	1933 octagon

十月是每年的第十個月。	八爪魚	路碼錶告訴你走了多遠。	氣味
1934 October	1935 octopus	1936 odometer/milometer*	1937 odor/odour*

從…下來，往…去，關掉 請從椅子下來。 我們往山中去! 燈關掉了。 Please get off that chair. Off we go into the mountains. The light is off.	他出價買這頭牛。	官員	時常，多久 小叮時常問些難題。 火車多久有一班? Ting often asks difficult questions. How often does the train run?
1938 off	1939 to offer	1940 officer	1941 often

油	油膏	一個年老的人	橄欖在樹上生長。
1942 oil	1943 ointment	1944 old	1945 olive

1946-1965   organ

做**奄列**要用蛋。 **1946** omelette	**在**桌**上** **1947** on the table	一次 從前有一個小女孩， 名叫小叮⋯ 小頤只去過**一次**夏令營。 Once upon a time, there was a little girl called Ting... Yi has been to summer camp only once. **1948** once	唯一的一個 **1949** one
洋葱 **1950** onion	我**唯一**的愛。 **1951** my only love	不要讓門**開着**。 **1952** open	打開 **1953** to open
手術 **1954** operation	負鼠 **1955** opossum	**對面，相反** 住在我們**對面**的一家人姓馬。 好是壞的**相反**。 快樂的**相反**是甚麼？ The Mas live opposite us. Good is the opposite of bad. What is the opposite of happy? **1956** opposite	或，否則 你可以溫習**或**洗碗。 你要就是小叮的朋友， **否則**便不是。 You can study or wash the dishes. Either you are Ting's friend or you are not. **1957** or
橙 **1958** orange	橙色 **1959** orange	果園裏種滿果樹。 **1960** orchard	管弦樂團 **1961** orchestra
蘭花 **1962** orchid	麻煩你，我想點菜。 **1963** to order	奧利加奴香料 **1964** oregano	這是個風琴。 **1965** organ

oriole 1966-1985

金鶯 1966 oriole	孤兒沒有父母。 1967 orphan	鴕鳥不會飛。 1968 ostrich	水獺吃魚。 1969 otter
一磅有十六安士。 1970 ounce	清新的戶外 1971 outdoors	你喜歡我的衣裝嗎? 1972 outfit	橢圓形 1973 oval
焗爐內有一個蘋果餡餅。 1974 oven	有人從船上掉入水了! 1975 Man overboard!	大衣 1976 overcoat	溢出 1977 to overflow
套鞋 1978 overshoe	傾覆 1979 to overturn	欠 你應該尊敬老師。 最好不要欠人家錢。 You owe respect to your teacher. It is best not to owe any money. 1980 to owe	猫頭鷹 1981 owl
擁有 我們的房屋是自己的。 羅先生一家在湖邊有間小屋。 We own our house. The Lohs own a cottage on the lake. 1982 to own	公牛 1983 ox	氧氣 1984 oxygen	蠔內有珍珠。 1985 oyster

1986-2004 pale

	小叮收拾書包。	包裹	有人用了我的拍紙簿。
P	1986 to pack	1987 package	1988 pad
小鈺抓着短槳。	她划得並不好。	掛鎖	發射臺
1990 paddle	1991 to paddle	1992 padlock	1989 pad
請翻去下一頁。	一桶水是十分重的。	油漆	油漆未乾，不宜亂碰。
1993 page	1994 pail	1996 paint	1997 wet paint
小薇弄傷了手指，十分痛楚。	油漆匠	鄧姨姨叫小薇塗好那柵欄。	油漆刷
1995 pain	2000 painter	1998 to paint	1999 paintbrush
油畫	一對鞋	宮殿	這朵花的顏色頗爲淺淡。
2001 painting	2002 a pair of shoes	2003 palace	2004 pale

palette　　　　　　　　　　　　2005-2024

調色板	松鼠從小茵**手掌**取去食物。	**盤子**	小叮最愛吃**班戟**。
2005　palette	2006　palm	2007　pan	2008　pancake
熊貓	**儀錶板**	**排簫**	**三色紫羅蘭**
2009　panda	2010　panel	2011　panpipe	2012　pansy
喘氣	**山豹**	**短褲**	**木瓜**
2013　to pant	2014　panther	2015　pants/trousers*	2016　papaya
紙張	**降落傘**	**遊行**	**平行綫**
2017　paper	2018　parachute	2019　parade	2020　parallel lines
小鼠因驚慌過度**癱瘓了**。	小叮收到這個**郵**包。	**家長**是指父親或母親。	祖母喜歡到**公園**去。
2021　paralyzed/paralysed*	2022　parcel	2023　parent	2024　park

2025-2044 pasture

2025	小叮的爸爸常把汽車**泊**在這裏。	to park
2026	**風雪大衣**	parka
2027	**國會**大廈	parliament
2028	**鸚鵡**重複人的說話。	parrot
2029	芫茜	parsley
2030	白笋	parsnip
2031	空氣裏有塵埃。	particle
2032	小謙是個好舞伴。	partner
2033	小叮喜歡參加**派對**。	party
2034	小嫦把球**傳**出…	to pass
2035	小娥便**昏**去了。	to pass out
2036	走廊	passage
2037	乘客	passenger
2038	出國旅行時，你需要帶**護照**。	passport
2039	**過了，經過** 現在已**過**了小叮上床的時間。小裕開車**經過**我們的家。 It is now past Ting's bedtime. Yue drove past our house.	past
2040	**意國麵食**包括意大利粉及通心粉。	pasta
2041	小敏把牆紙**貼**上。	to paste
2042	刺繡是她最喜歡的**消遣**。	pastime
2043	**糕餅**包括蛋糕及餅乾。	pastry
2044	綿羊在**草原**上吃草。	pasture

patch 2045-2064

衣服補片	小徑	小叮很**有耐性**,她没有睡着。	不安的**病人**
2045 patch	2046 path	2047 She is patient.	2048 patient

裙子的**式樣**	**暫停** 小叮讀完兩頁後,**暫停**數秒。 我要停下來喘口氣。 After reading two pages, Ting paused for a few seconds. I have to pause for breath.	踏上**行人路**	猫有多少隻**脚爪**?
2049 pattern	2050 to pause	2051 pavement/road*	2052 paw

你父母要**支付**很多賬單。	要付錢的電話	世界和平	桃子
2053 to pay	2054 pay phone/phone box*	2055 peace	2056 peach

孔雀	山頂	鐘聲	花生
2057 peacock	2058 peak	2059 peal of a bell	2060 peanut

梨	珍珠	豆莢中的**豌豆**	泥炭沼幫助植物生長。
2061 pear	2062 pearl	2063 peas	2064 peat moss

沙灘上的小圓石 2065 pebbles	山核桃是一種果仁。 2066 pecan	啄食 2067 to peck	踏板 2068 pedal
行人 2070 pedestrian	行人穿越道 2071 pedestrian crossing	削皮 2072 to peel	踩踏板 2069 to pedal
塘鵝 2073 pelican	筆 2074 pen	鉛筆 2075 pencil	擺鐘 2076 pendulum
企鵝 2077 penguin	削鉛筆刀 2078 penknife	五角形有五邊。 2079 pentagon	人們都很歡樂。 2080 people
碾胡椒子以製胡椒粉。 2081 pepper	胡椒薄荷 2082 peppermint	鱸魚 2083 perch	鳥的棲息所 2084 perch

performance — 2085-2104

#	Chinese	English
2085	精彩的**表演**	performance
2086	香水	perfume
2087	**句號**是句子結束時的標點。	period/full stop*
2088	長春花	periwinkle
2089	人	person
2090	害蟲	pest
2091	小豪**纏擾**着他爸爸。	to pester
2092	我的**寵物**是一條蛇。	pet
2094	花瓣	petal
2095	喇叭花	petunia
2096	**藥劑師**替人配藥。	pharmacist/chemist*
2093	這嬰兒在**撫弄**着狗。	to pet
2097	藥房	pharmacy/chemist's*
2098	山鷄	pheasant
2099	電話	phone
2100	照片	photograph
2101	鋼琴	piano
2102	選一張牌吧!	to pick
2103	小媚**拾起**那洋娃娃。	to pick up
2104	尖鋤	pickaxe

2105-2124　　　　　　　　　　　　　　　　　　　　　　to pinch

酸瓜	小叮懂得如何醃磨菇。	野餐	小良畫的**圖畫**真怪!
2105　pickles	2106　to pickle	2107　picnic	2108　picture
山核桃**餡餅**…真好味!	一塊**餡餅**	**拼合**起來	海邊的**碼頭**
2109　pie	2110　a piece/slice* of pie	2111　to piece together	2112　pier
猪	鴿子	猪欄	一堆泥土
2113　pig	2114　pigeon	2115　pigsty	2116　pile
藥丸可以是危險的。	支柱	猫喜歡睡在**枕頭**上。	**枕頭套**
2117　pill/tablet*	2118　pillar	2119　pillow	2120　pillowcase
每架飛機都有**機師**。	暗瘡	蟹鉗	**掐**人家是很痛的。
2121　pilot	2122　pimple	2123　pincers	2124　to pinch

pine 2125-2144

松樹	菠蘿不是由松樹而來的。	粉紅色	烟斗
2125 pine	2126 pineapple	2127 pink	2128 pipe

海盜	開心果	十分古老的手槍!	小銘把球投出。
2129 pirate	2130 pistachio	2131 pistol	2132 to pitch

同情	地方，住所	鰈魚	投球式，音調
小叮很**同情**那個不見了猫的可憐男孩。 Ting pities the poor boy who lost his cat.	沒有任何**地方**比得上家。 你想到我們的**住所**來嗎? There is no place like home. Would you like to come to our place?		小銘，你的**投球式**真好! 這首歌的**音調**不準。 Hey Ming, that was a good pitch! This song is off pitch.
2136 to pity	2137 place	2138 plaice	2133 pitch

樸素的襯衫	平原	設計	長柄叉
2139 plain shirt	2140 plain	2141 to plan	2134 pitchfork

這把鉋刀是木匠的。	環繞太陽的行星	厚木板	瀝青焦油
2142 plane	2143 planets	2144 plank	2135 pitch tar

2145-2164			plug
植物 2145 plants	種植 2146 to plant	灰泥 2147 plaster	小蓮把灰泥塗在牆上。 2148 to plaster
塑膠 2149 plastic	手工泥 2150 plasticine	這是小叮吃飯用的碟子。 2151 plate	高原 2152 plateau
火車在月台上。 2153 platform	玩耍 2154 to play	遊樂場 2155 playground	紙牌 2156 playing cards
懇求 2157 to plead	舒適的一天 2158 a pleasant day	請給我一杯牛奶。 2159 A glass of milk, please.	這條蘇格蘭裙有很多褶 2160 pleat
老虎鉗 2161 pliers	犁 2162 plow/plough*	拔毛 2163 to pluck	插頭 2164 plug

plug 2165-2184

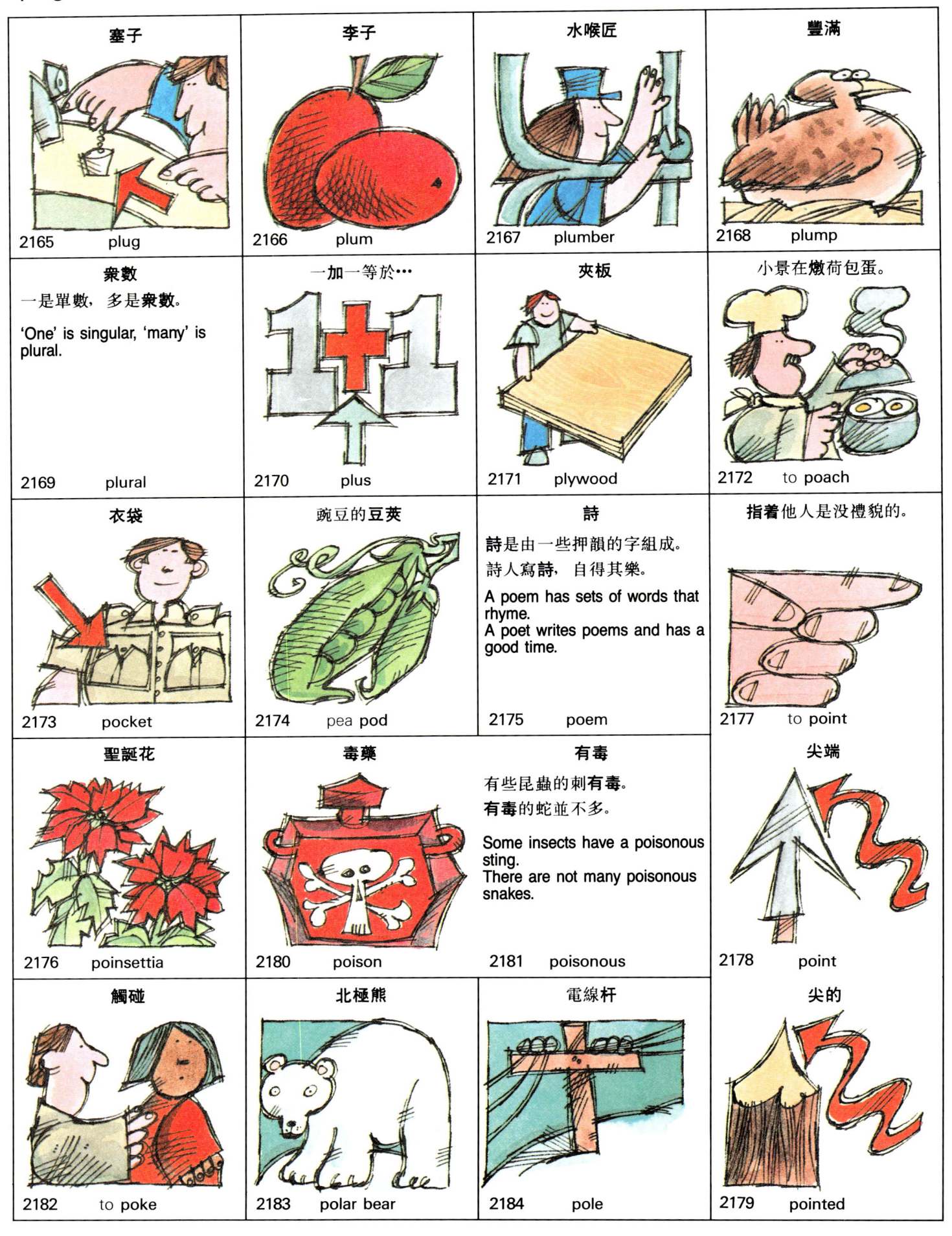

塞子 2165 plug	李子 2166 plum	水喉匠 2167 plumber	豐滿 2168 plump
眾數 一是單數，多是眾數。 'One' is singular, 'many' is plural. 2169 plural	一加一等於⋯ 2170 plus	夾板 2171 plywood	小景在燉荷包蛋。 2172 to poach
衣袋 2173 pocket	豌豆的豆莢 2174 pea pod	詩 詩是由一些押韻的字組成。 詩人寫詩，自得其樂。 A poem has sets of words that rhyme. A poet writes poems and has a good time. 2175 poem	指着他人是沒禮貌的。 2177 to point
聖誕花 2176 poinsettia	毒藥 2180 poison	有毒 有些昆蟲的刺有毒。 有毒的蛇並不多。 Some insects have a poisonous sting. There are not many poisonous snakes. 2181 poisonous	尖端 2178 point
觸碰 2182 to poke	北極熊 2183 polar bear	電線杆 2184 pole	尖的 2179 pointed

portable

男警	女警	擦亮	有禮貌
2185 policeman	2186 policewoman	2187 to polish	人人都喜歡**有禮貌**的孩子。大聲叫喊是沒禮貌的。 Everybody likes polite children. It is not polite to shout. 2188 polite
花粉	石榴	池塘	矮種馬
2189 pollen	2190 pomegranate	2191 pond	2192 pony
游泳池裏尋歡樂!	我們**集中**資源。	差	爆開
2193 pool	2194 to pool	小叮的成績很**差**，因為她沒有勤力溫習。 Ting had poor results because she did not work hard. 2195 poor	2196 to pop
白楊	罌粟	受歡迎	小愈坐在**門廊**。
2197 poplar	2198 poppy	小叮是個**受歡迎**的女孩。這本書十分**受歡迎**。 Ting is a popular girl. This book is very popular. 2199 popular	2200 porch
毛孔是皮膚上的小孔。	麥片粥作早餐	港口	手提式
2201 Pores are little holes in the skin.	2202 porridge	2203 port	小叮想要一架**手提式**收音機，但她儲的零用錢並不足夠。 Ting wants a portable radio but she has not saved up enough money from her allowance. 2204 portable

porter 2205-2224

行李服務員	阮姨姨的肖像	標柱	小正把信寄出。
2205 porter	2206 portrait	2207 post	2208 to post
明信片	海報	盆子	郵局
2210 postcard	2211 poster	2212 pot	2209 post office
馬鈴薯	陶器	小袋	猛撲
2213 potato	2214 pottery	2215 pouch	2216 to pounce
待領場，磅 流浪狗被送往**待領場**。 四隻香蕉約重一**磅**。 Stray dogs are taken to the dog pound. Four bananas weigh about a pound.	春爛	倒	噘嘴
2217 pound	2218 to pound	2219 to pour	2220 to pout
粉末	練習	小麥在大草原生長。	稱讚
2221 powder	2222 to practice/practise*	2223 prairie	2224 to praise

2225-2244　principle

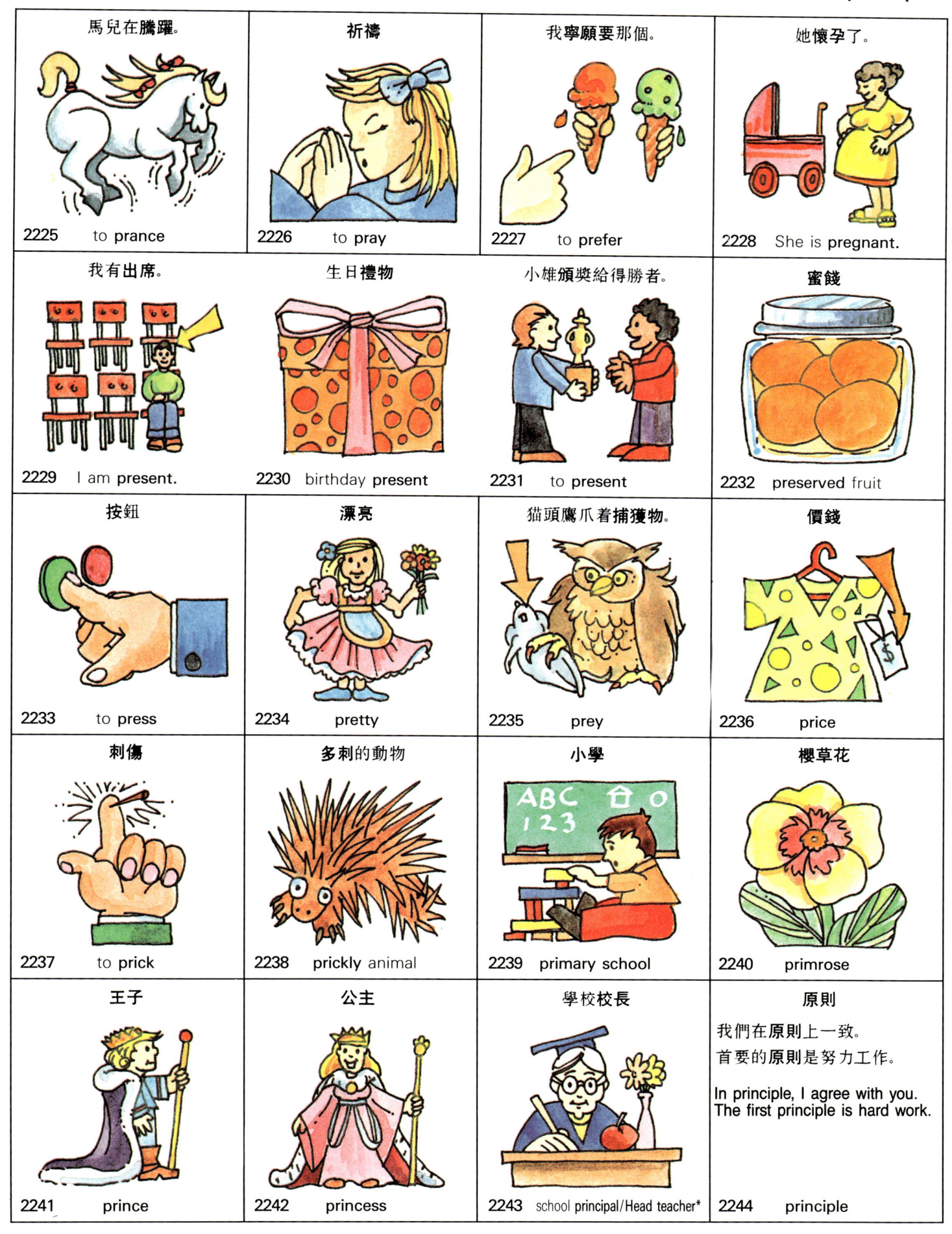

馬兒在騰躍。 2225 to prance	祈禱 2226 to pray	我寧願要那個。 2227 to prefer	她懷孕了。 2228 She is pregnant.
我有出席。 2229 I am present.	生日禮物 2230 birthday present	小雄頒獎給得勝者。 2231 to present	蜜餞 2232 preserved fruit
按鈕 2233 to press	漂亮 2234 pretty	猫頭鷹爪着捕獲物。 2235 prey	價錢 2236 price
刺傷 2237 to prick	多刺的動物 2238 prickly animal	小學 2239 primary school	櫻草花 2240 primrose
王子 2241 prince	公主 2242 princess	學校校長 2243 school principal/Head teacher*	原則 我們在原則上一致。 首要的原則是努力工作。 In principle, I agree with you. The first principle is hard work. 2244 principle

印刷 2245 to print	從稜鏡可以看到光譜。 2246 prism	小胖因犯罪而入獄。 2247 prison	囚犯 2248 prisoner
秘密，私人 我和小叮正在密談。 小桃上私人補習課。 Ting and I are having a private talk. Toa takes private lessons. 2249 private	這是小叮今年游泳的冠軍獎品。 2250 prize	問題 2251 problem	農產品 2252 produce
電視節目大多不好看。 2254 program/programme*	被禁 2255 prohibited	計劃 小莊正在做一個計劃。 小叮的計劃做得不太好。 Jong is working on a project. Ting did not do well on her project. 2256 project	這工廠生產汽車。 2253 This factory produces cars.
我答應。 2257 I promise.	這枝長柄叉有四枝叉頭。 2258 prong	發音要準確。 2259 to pronounce	這是咪咪吃了小鳥的證據。 2260 proof of guilt
支撐 2261 to prop	螺旋槳 2262 propeller	適當地穿衣 2263 properly dressed	財產 當小叮說：「這是我的。」 她就是說：「這是我的財產。」 Ting says "This is mine" when she means "This is my property". 2264 property

抗議 2265 to protest	我是一隻驕傲的猫。 2266 I am a proud cat.	法官，我能作出證明。 2267 to prove	諺語 以下是一句諺語: 「不入虎穴，焉得虎子」 Here is a proverb: "Nothing ventured, nothing gained". 2268 proverb
供應椅子 2269 to provide chairs	乾梅是乾了的李子。 2270 prune	修剪樹枝 2271 to prune	公共電話 2272 public telephone/phone box*
布甸作甜品 2273 pudding/afters*	小水潭 2274 puddle	噴出 2275 to puff	海鴨 2276 puffin
拉 2277 to pull	滑輪 2278 pulley	套頭毛衣 2279 pullover/sweater*	醫生替小叮診脈。 2280 pulse
泵水機 2281 pump	打氣 2282 to pump	南瓜 2283 pumpkin	用拳重擊 2284 to punch

punctual　　　　　　　　2285-2304

你很**準時**。 2285　You are **punctual**.	小鵬**刺穿**輪胎，會被懲罰。 2286　to **puncture**	懲罰 2287　to **punish**	處分 2288　**punishment**
木偶 2289　**puppet**	小狗 2290　**puppy**	純净的水 2291　**pure** water	紫色 2292　**purple**
猫兒滿足地咪咪叫。 2293　to **purr**	錢包 2294　**purse**/handbag*	追捕 2295　to **pursue**	推 2296　to **push**
請**放**在這裏。 2297　to **put**	收好 2298　to **put away**	小沐延遲溫習。 2299　to **put off**	油灰幫助固定玻璃。 2300　**putty**
拼圖遊戲 2301　**puzzle**	睡衣 2302　**pyjamas***/pajamas	金字塔 2303　**pyramid**	大蟒蛇 2304　**python**

Q

#	中文	English
2305	鵪鶉	quail
2306	品質優良的錶	quality watch
2307	數量	quantity
2308	爭吵	to quarrel
2309	採石場	quarry
2310	四分之一	quarter
2311	有一隻船泊在碼頭。	quay
2312	女王	queen
2313	發問	to ask a question
2314	必須快速進行！	quick
2315	牠沉入流沙中。	quicksand
2316	她很嫻靜。	She is quiet.
2317	羽毛筆是用羽莖做的筆。	quill
2318	箭豬的刺	porcupine quill
2319	棉被	quilt/eiderdown*
2320	榅桲	quince
2321	箭袋盛滿了箭。	quiver
2322	震抖	to quiver
2323	小測驗 — 我們今天上課時，有一個拼字小測驗。 Our class had a quiz in spelling today.	quiz

R

	兔子 2324 rabbit	浣熊 2325 raccoon	賽跑 2326 to race
掛物架 2327 rack/hat-stand*	小芹在**大聲喧鬧**。 2328 racket	散熱器 2329 radiator	收音機 2330 radio
小蘿蔔 2331 radish	圓形的半徑 2332 radius	木筏 2333 raft	部署中的突擊 2334 a raid in progress
握著扶手。 2335 handrail/banister*	火車軌 2336 railroad track/railway track*	正下著傾盆大雨。 2337 to rain	小叮喜歡看彩虹。 2338 rainbow
雨衣 2339 raincoat	**舉起**，**提出** 喜歡小叮的人請**舉手**！ 她**提出**一個有趣的問題。 All those who like Ting, raise your hands! She has raised an interesting question. 2340 to raise	**葡萄乾**是乾了的葡萄。 2341 raisin	耙子 2342 rake

2343-2362　　　　　　　really

小嬋密密地輕敲着門。	急速	罕有	他面上長滿熱疹。
2343 to rap/knock*	2344 rapid	2345 rare	2346 rash
山莓	老鼠	玩具搖	響尾蛇
2347 raspberry	2348 rat	2349 rattle	2350 rattlesnake
渡鴉	極餓	深谷	生雞蛋
2351 raven	2352 ravenous	2353 ravine	2354 a raw egg
陽光的射線	剃刀	伸手取	閱讀
2355 ray of sunlight	2356 razor	2357 to reach	2358 to read
各就各位⋯準備好⋯	這是一粒真鑽石嗎?	了解	你真的回來了?
2359 ready	2360 real	2361 to realize/realise*	2362 Are you really here?

rear   2363-2382

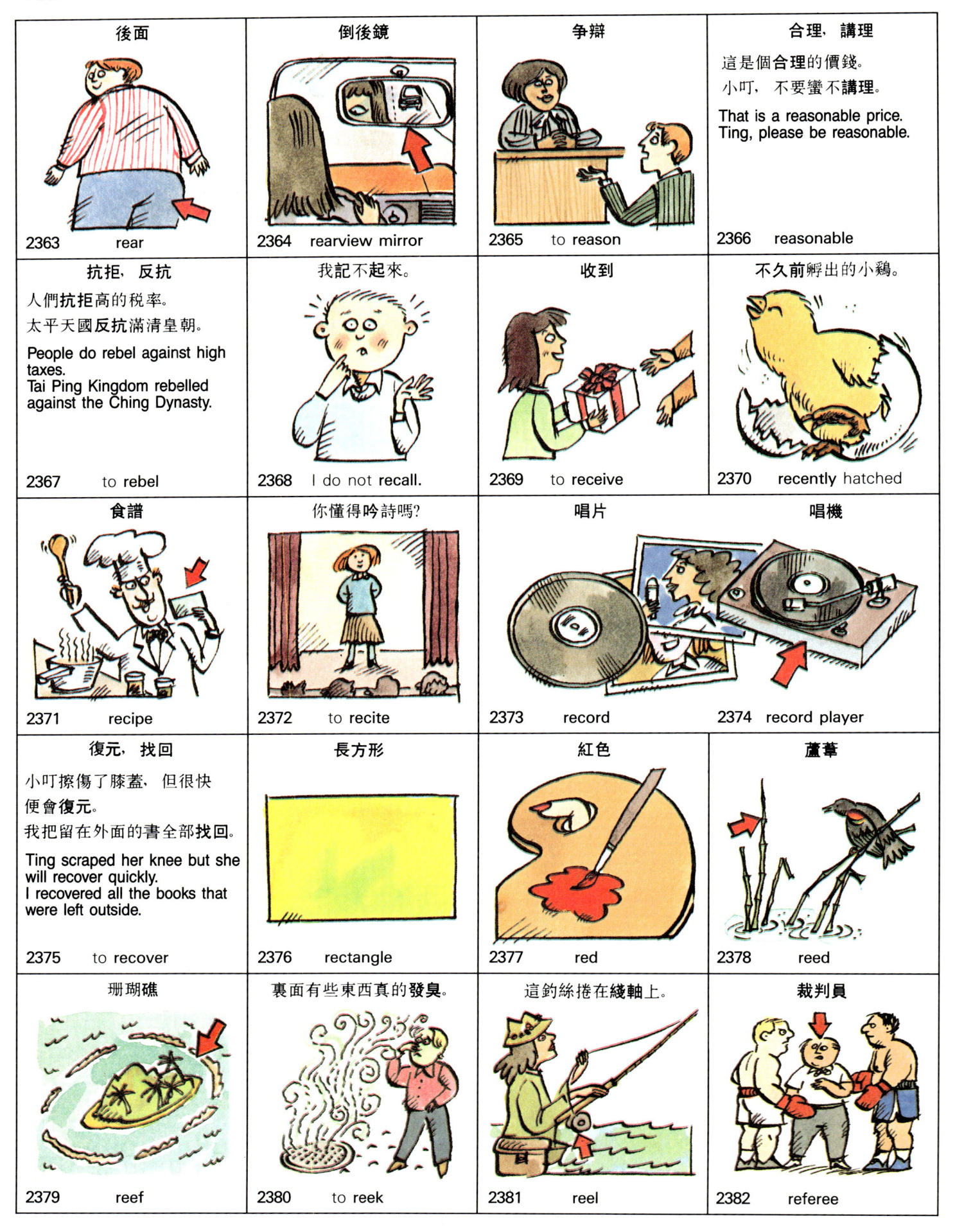

後面	倒後鏡	爭辯	合理，講理
			這是個**合理**的價錢。 小叮，不要蠻不**講理**。 That is a reasonable price. Ting, please be reasonable.
2363　rear	2364　rearview mirror	2365　to reason	2366　reasonable

抗拒，反抗	我記不起來。	收到	不久前孵出的小雞。
人們**抗拒**高的稅率。 太平天國**反抗**滿清皇朝。 People do rebel against high taxes. Tai Ping Kingdom rebelled against the Ching Dynasty.			
2367　to rebel	2368　I do not recall.	2369　to receive	2370　recently hatched

食譜	你懂得吟詩嗎？	唱片	唱機
2371　recipe	2372　to recite	2373　record	2374　record player

復元，找回	長方形	紅色	蘆葦
小叮擦傷了膝蓋，但很快便會**復元**。 我把留在外面的書全部**找回**。 Ting scraped her knee but she will recover quickly. I recovered all the books that were left outside.			
2375　to recover	2376　rectangle	2377　red	2378　reed

珊瑚礁	裏面有些東西真的發臭。	這釣絲捲在綫軸上。	裁判員
2379　reef	2380　to reek	2381　reel	2382　referee

2383-2402 to reply

映像 2383 reflection	切勿讓雪櫃門開着。 2384 refrigerator	拒絕 2385 to refuse	地區 2386 region
登記 2387 to register	小寬對發生的事感到遺憾。 2388 to regret	演員排演話劇。 2389 Actors rehearse a play.	馴鹿 2390 reindeer
韁繩 2391 reins	親戚 2392 relatives	鬆弛 2393 to relax	釋放 2394 to release
記得要擦牙。 2395 Remember to brush your teeth.	遙遠的小島 2396 remote island	小賢脫下帽子。 2397 to remove	租 我們租了一個大廈單位。 若你沒有汽車， 可以去租一架。 We rent an apartment. If you do not have a car, you can rent one. 2398 to rent
修理 2399 to repair	鸚鵡重複人的說話。 2400 to repeat	代替 2401 to replace	他問，她答。 2402 to reply

reptile 2403-2422

爬蟲 2403 reptile	**小斌拯救那隻貓。** 2404 to rescue	**水庫** 2405 reservoir	**負責** 爸爸看見牛奶倒在地上，便問：「誰應為這事**負責**？」 Dad saw the milk spilled on the floor and said: "Who is responsible for this?" 2406 responsible
休息 2407 to rest	**餐廳** 2408 restaurant	**歸還，回來** 小叮一定**歸還**圖書館的書。 小晶正在外旅遊， 但很快便會**回來**。 Ting always returns her library books. Jing is travelling but she will return soon. 2409 to return	**倒退** 2410 reverse
犀牛 2411 rhinoceros	**大黃莖** 2412 rhubarb	**押韻詩** 這是一首**押韻詩**： 霧在夜中守着河 水在河中守着魚 守着山　守着岸 山在海邊守着你 Here is a rhyme for you: 2413 rhyme	**肋骨** 2414 rib
你懂得用**絲帶**結蝴蝶嗎？ 2415 ribbon	**飯** 2416 rice	**深濃，富裕** **絲帶**的顏色是**深濃**的紅色。 **富**人應常幫助窮人。 The ribbon is a rich red color. The rich must always help the poor. 2417 rich	沒有人能解這個**謎**。 2418 riddle
騎馬 2419 to ride a horse	**山脊** 2420 ridge	**我的右手** 2421 my right hand	**正當，對的** 偷東西是不**正當**的。 小叮認為自己永遠是**對的**。 It is not right to steal. Ting thinks she is always right. 2422 right

2423-2442　　　　　　　　　　　　　　　　　　　　rock

慣用右手 2423　right-handed	水果外皮 2424　rind	戒指 2425　ring	許叔叔按門鈴。 2426　to ring
冰地曲棍球場 2427　rink	小叮的爸爸在沖洗碗碟。 2428　to rinse	暴動 2429　riot	你的褲子撕開了。 2430　to rip
熟的 2431　ripe	漣漪 2432　ripple	太陽升起來了。 2433　The sun rises.	冒險，危險 冒險時，要謹慎。 天氣報告員說有結霜的危險。 Always be careful when taking risks. The weatherman said there was a risk of frost. 2434　risk
對手 2435　rivals	河流 2436　river	道路 2437　road	獅子咆哮 2438　to roar
剛烘好的美味烤肉。 2439　roast	劫匪是犯人。 2440　robber	知更鳥 2441　robin	大石 2442　rock

to rock 2443-2462

搖動	火箭	搖椅	釣竿
2443 to rock	2444 rocket	2445 rocking chair	2446 rod

一捲	滾動	滾軸溜冰鞋	麵棍
2447 roll	2448 to roll	2449 roller skate	2450 rolling pin

我們的屋頂是用瓦片造的。	房間	棲息	根部
2451 roof	2452 room	2453 to roost	2454 root

粗繩	玫瑰	迷迭香	小咏的面頰紅潤。
2455 rope	2456 rose	2457 rosemary	2458 rosy

腐爛的蘋果	粗糙的鬍子	圓的	一排四粒鈕子
2459 rotten apple	2460 rough	2461 round	2462 4 buttons in a row

2463-2482　　　　　　　　　　　　　　　　　　　　　　　　　rye

她比小蕊划得快。	國王是皇室成員之一。	輪胎和球都是用橡膠造的。	垃圾
2463　to row	2464　royal	2465　rubber	2466　rubbish
紅寶石	船舵	他很粗魯。	地勢崎嶇
2467　ruby	2468　rudder	2469　He is rude.	2470　rugged terrain
古代城堡的廢墟	統治，規則 有些國家由國王統治。 小叮很少犯規。 爸媽定立家規。 Some countries are under the rule of a king. Ting seldom breaks the rules. Mom and Dad make the rules in this house.	國王是統治者。	我聽見隆隆聲。
2471　ruin	2472　rule	2473　ruler	2474　I hear a rumble.
他跑得比子彈還快嗎?	逃走	輾過	用盡精力
2475　to run	2476　to run away	2477　to run over	2478　to run out of energy
衝去	生銹	轍迹	裸麥
2479　to rush	2480　rust	2481　rut	2482　rye

sack

	麻包袋裏裝滿麵粉。	誠實是項不可侵犯的原則。	悲哀
	2483 sack	2484 Truth is a **sacred** principle.	2485 sad

馬鞍	保險箱裏有些甚麼。	帆	風帆板
2486 saddle	2487 safe	2488 sail	2489 sailboard

帆船	水手	沙律	減價貨品。
2490 sailboat/sailing boat*	2491 sailor	2492 salad	2493 sale

三文魚	鹽及胡椒粉	敬禮	相同
2494 salmon	2495 salt	2496 to salute	2497 same

沙	涼鞋	小叮會自己弄三文治。	樹液
2498 sand	2499 sandal	2500 sandwich	2501 sap

2502-2521 scarf

罐內有很多沙甸魚。 2502 sardine	人造衛星 2503 satellite	緞子裙 2504 satin dress	星期六 星期六是每週的第六天。 星期六是玩耍的日子。 小叮喜歡星期六。 Saturday is the sixth day of the week. Saturday is play day. Ting likes Saturdays. 2505 Saturday
醬汁 2506 sauce/gravy*	香腸 2507 sausage	我有儲蓄。 2508 I save my money.	這鋸子很鋒利。 2509 saw
木屑 2511 sawdust	我把想法說出。 2512 I say what I think.	施工架 2513 scaffolding	鋸 2510 to saw
小心不要燙傷自己! 2514 to scald	天平 2515 scale	海扇味道鮮美。 2516 scallop	頭皮層 2517 scalp
面帶疤痕的人 2518 scar	她喜歡去嚇他。 2519 to scare	稻草人是用來嚇走雀鳥的。 2520 scarecrow	頸巾 2521 scarf

鮮紅色 2522 scarlet	警察到了罪案現場。 2523 scene of a crime	風景 2524 scenery	學識是從學習得來。 2525 scholarship
這是小叮的學校。 2526 school	縱帆式帆船 2527 schooner	剪刀 2528 scissors	舀起 2529 to scoop
低座小輪電單車 2530 scooter	燒焦了的紙 2531 scorched paper	得分 2532 to score	童軍 2533 scout
紙片 2534 scraps of paper	我常擦傷膝蓋。 2535 scrape	刮具 2536 scraper	抓 2537 scratch
屏帳 2538 screen	螺絲釘 2539 screw	螺絲起子 2540 screwdriver	小潔在擦洗地板。 2541 to scrub

雕刻家 2542 sculptor	海馬 2543 seahorse	亞得里亞海 2544 Adriatic sea	海鷗 2545 seagull
海豹 2546 seal	衣服縫綫 2547 seam	搜查 2548 to search	探照燈 2549 searchlight
季節 四季包括春夏秋冬。 The four seasons are: Spring Summer Autumn Winter 2550 seasons	座位 2551 seat	小叮已扣上安全帶。 2552 seatbelt	海草 2553 seaweed
第二 2554 second	我有一個秘密。 2555 I have a secret.	看見 2556 to see	蹺蹺板 2557 see-saw
種子 2558 seed	牠似乎死了。 2559 It seems to be dead.	抓住 2560 to seize	小叮不喜歡你這樣自私。 2561 You are selfish.

to sell | 2562-2581

小雅在**賣**水果。 2562 to sell	半圓形 2563 semicircle	寄出 2564 to send	小芝的皮膚對太陽**敏感**。 2565 sensitive skin
句子，判處 你會造**句**嗎? 劫匪被**判**入獄。 Can you make a sentence? The robber received a prison sentence. 2566 sentence	哨兵 2567 sentry	九月是開課的時候。 2568 September	侍候 2569 to serve
七 2570 seven	第七 2571 seventh	幾個 2572 several	縫紉 2573 to sew
縫紉機 2574 sewing machine	破舊 2575 shabby	簡陋小木屋 2576 shack	影子 2577 shadow
粗毛犬 2578 shaggy	搖動 2579 to shake	淺水 2580 shallow water	媽媽用**洗頭水**洗頭。 2581 shampoo

我們齊來**分享**。 2582 to share	這**鯊魚**是否在學飛? 2583 shark	**鋒利** 2584 sharp	**磨刀器** 2585 knife sharpener
玻璃**粉碎**了。 2588 to shatter	**剃鬍子** 2589 to shave	**大剪刀** 2590 shears	**磨溜冰鞋器** 2586 skate sharpener
刀鞘 2591 sheath	小叮臨睡前數**綿羊**。 2592 sheep	**被單** 2593 sheet	**鉛筆刨** 2587 pencil sharpener
擱板 2594 shelf	**貝殼** 2595 shell	**庇護所** 2596 shelter	**牧羊人** 2597 shepherd
盾 2598 shield	**外脛** 2599 shin	**陽光普照** 2600 to shine	**木瓦** 2601 shingle

shingles　　　　　　　2602-2621

帶狀疹是一種皮膚病。	亮晶晶	船舶	船舶失事
2602　shingles	2603　shiny	2604　ship	2605　shipwreck
袖衫	震抖	避免觸電!	鞋
2606　shirt	2607　to shiver	2608　shock	2609　shoes
鞋帶	鞋匠	射擊	商店
2610　shoelace	2611　shoemaker	2612　to shoot	2613　shop
店主	商店櫥窗	水流到岸邊。	矮
2614　shopkeeper	2615　shop window	2616　shore	2617　short
短褲	肩膀	大叫	猛撞人家是沒禮貌的。
2618　shorts	2619　shoulder	2620　to shout	2621　to shove

雪鏟	展示	炫耀	他終於出現了。
2622 shovel	2623 to show	2624 to show off	2625 to show up/appear*
小鴻在淋浴。	尖叫	小蝦	皺縮
2626 shower	2627 to shriek	2628 shrimp	2629 to shrink
灌木	梁先生在洗牌。	窗扇	害羞
2630 shrub	2631 shuffle	2632 shutters	2633 shy
生病	旁邊	行人應用行人路。	重重嘆息
2634 sick	2635 side	2636 sidewalk/pavement*	2637 to sigh
告示牌	發信號	簽名	沉默，寂靜 小叮很少保持沉默。 今晚是個寂靜的晚上。 Ting is not silent very often. Tonight is a silent night.
2638 sign	2639 to signal	2640 signature	2641 silent

窗臺	**傻** 小夢覺得小叮很**傻**。 小叮覺得小夢常做**傻**事。 Mung thinks Ting is silly. Ting thinks Mung does silly things.	**銀**	**簡單** 這是絕對的事實。 有一個**簡單**的解決辦法。 That is the truth, pure and simple. There is a simple solution.
2642 sill	2643 silly	2644 silver	2645 simple
唱歌	**單數** 一是**單數**，幾個便是眾數。 'One' is singular, 'Several' is plural.	**洗滌槽**	不游便**沉**!
2646 to sing	2647 singular	2648 sink	2649 to sink
小婕啜飲着熱茶。	**警報器**	**妹妹**	**坐**
2650 to sip	2651 siren	2652 sister	2653 to sit
六	**第六**	這個**大小**合我穿嗎?	**溜冰**
2654 six	2655 sixth	2656 size	2657 to skate
滑板	這**骷髏骨**在我衣櫃裏幹甚麼?	**素描**	**滑雪屐**
2658 skateboard	2659 skeleton	2660 to sketch	2661 skis

滑雪 2662 to ski	滑行 2663 to skid	皮膚 2664 skin	跳繩 2665 to skip
船長 2666 skipper/captain*	裙子 2667 skirt	頭蓋骨 2668 skull	天空中有雲。 2669 sky
雲雀 2670 skylark	摩天樓是十分高的大廈。 2671 skyscraper	他砰然把門關上。 2672 to slam	傾斜的地板。 2673 slanting floor
掌摑 2674 to slap	小權又在到處揮斬。 2675 to slash	小黑板 2676 slate	雪橇 2677 sled/sleigh*
小松在睡覺。 2678 to sleep	睡袋 2679 sleeping bag	小泰昏昏欲睡。 2680 sleepy	雨雹 2681 sleet

sleeve 2682-2701

衣袖	滑梯	苗條	黏滑的傢伙
2682 sleeve	2683 slide	2684 slim	2685 slimy

他把手臂套入**吊臂帶**。	彈弓	滑倒	拖鞋
2686 sling	2687 slingshot/catapult*	2688 to slip	2689 slipper

滑的	骯髒粗魯的人	斜坡	投幣孔
2690 slippery	2691 slob	2692 slope	2693 slot

你不應這麼**懶散**。	減速，慢下來 汽車在街角**減速**。 沒有事可以令小叮**慢下來**。 The car slows down at the corner. Nothing can slow down Ting.	爛泥	小
2694 to slouch	2695 to slow down	2696 slush	2697 small

聰明，別緻 小叮認為自己很**聰明**，因為考試合格了。 她穿了一條**別緻**的裙子。 Ting thinks she is very smart because she passed her exam. She is wearing a smart dress.	別打碎這計時器！	弄髒	小堯在**嗅**那朵花。
2698 smart/clever*	2699 to smash	2700 to smear	2701 to smell

發臭的臭鼠 2702 smelly	吸烟的人就像臭鼠。 2703 to smoke	光滑，平穩 小叮在很光滑的冰塊上溜冰。 好的機師會令飛機平穩降落。 The ice Ting is skating on is very smooth. A good airplane pilot makes smooth landings. 2704 smooth	吃點心 2705 to have a snack
蝸牛 2706 snail	蛇 2707 snake	折斷 2708 to snap	布鞋 2709 sneakers/trainers*
打噴嚏 2710 to sneeze	潛水呼吸管 2711 snorkel	雪 2712 snow	雪花 2713 snowflake
雪鞋 2714 snowshoes	用肥皂及清水洗手。 2715 soap	英式足球 2716 soccer	短襪 2717 sock
插座 2718 socket	沙發 2719 sofa/couch*	柔軟 2720 soft	士兵 2721 soldier

sole 2722-2741

鰨魚 2722 sole	她**解答**這問題。 2723 She **solves** the problem.	翻觔斗 2724 to **somersault**	兒子 2725 son
歌曲 2726 song	不久 不久便會天黑。 小叮不久便會回家。 她不久便玩厭了新洋娃娃。 Soon it will be dark. Ting will be home soon. She soon tired of her new doll. 2727 soon	巫師 2728 sorcerer	我的手臂**疼痛**。 2729 My arm is **sore**.
用**酸模**來烹調。 2730 **sorrel**	汪汪真的很**抱歉**。 2731 **sorry**	歸類 2732 to **sort**	湯 2733 soup
酸 2734 sour	南方 2735 south	**母猪**是小猪的媽媽。 2736 **sow**	播種 2737 to **sow**
太空船 2738 spaceship	鏟 2739 spade	打屁股 2740 to **spank**	每部車都要有**備用**輪胎。 2741 **spare** tire/tyre*

2742-2761　　　　　　　　　　　　　　　　　　　　　　　　to splash

火花	她的戒指在陽光下閃閃生光。	麻雀	他們都說英語。
2742　spark	2743　to sparkle	2744　sparrow	2745　to speak
矛	烏龜儘管加速，仍是走得很慢。	拼字	用錢
2746　spear	2747　to speed up	2748　to spell	2749　to spend
球體是圓的。	香辣	蜘蛛在結網。	尖頭
2750　sphere	2751　spicy	2752　spider	2753　spike
倒翻	使旋轉	菠菜	脊骨
2754　to spill	2755　to spin	2756　spinach	2757　spine
螺旋形	塔尖	有禮貌的人不會隨地吐痰。	濺水
2758　spiral	2759　spire	2760　to spit	2761　to splash

splinter 2762-2781

#	中文	英文
2762	到處都有木刺。	splinter
2763	變壞了的水果	spoiled/rotten* fruit
2764	海綿	sponge
2765	一捲線	spool/reel*
2766	匙羹	spoon
2767	不知怎樣沾上這污點?	spot
2768	壺嘴	spout
2769	小叮扭傷了脚踭。	to sprain
2770	噴射	to spray
2771	塗上	to spread
2772	彈簧	spring
2773	春天終於來臨。	spring
2775	撒開	to sprinkle
2776	她全速衝刺以求勝出。	to sprint
2777	雲杉	spruce
2774	泉水急速地流着。	spring
2778	正方形	square
2779	洋南瓜	squash
2780	蹲踞	to squat
2781	小叮緊抱着她的朋友。	to squeeze

2782-2801　　　　　　　　　　　　　　　station

魷魚 2782　squid	松鼠 2783　squirrel	噴射 2784　to squirt	馬兒在**馬廐**裏。 2785　stable
舞臺上有個舞蹈員。 2786　stage	污點 2787　stain	樓梯 2788　staircase	木椿 2789　wooden stake
陳了 **陳了**的麵包又乾又硬。 Stale bread is dry and hard. 2790　stale bread	芹菜的莖 2791　celery stalk	公馬是隻雄性的馬。 2792　stallion	郵票 2793　stamp
站立 2794　to stand	閃爍着的小星星! 2795　star	小叮在**盯**着你。 2796　to stare	歐椋鳥 2797　starling
開動汽車 2798　to start a car	餓死 小叮，你不會**餓死**的! You will not starve, Ting! 2799　to starve	油站 2800　gas/petrol* station	火車站 2801　train/railway* station

statue 2802-2821

雕像	留在那裏!	肉扒	偷竊
2802 statue	2803 Stay there!	2804 steak	2805 to steal

蒸氣	刀是用鋼造的。	峭壁	小公牛
2806 steam	2807 Knives are made of steel.	2808 steep	2809 steer/bullock*

花梗	梯級	她踏入小水潭中。	駕駛
2811 stem	2812 step	2813 to step in	2810 to steer

爸爸準備了燉肉作晚餐。	柴枝	我出去一會兒。	小量的手黏糊糊的。
2815 stew	2816 stick	2814 to step out	2817 sticky

僵硬 吳叔叔的腿很僵硬。 你能否咬緊牙根? Uncle Ng has a stiff leg. Can you keep a stiff upper lip?	牠真的刺傷我。	蜜蜂針	臭鼠發臭
2818 stiff	2819 to sting	2820 sting	2821 to stink

2822-2841   to **strangle**

攪勻才去品嚐! 2822 to **stir**	長襪 2823 **stockings**	加燃料 2824 to **stoke**	胃部 2825 **stomach**
不要亂拋石塊。 2826 **stone**	小凳子 2827 **stool**	她俯身拾球。 2828 to **stoop/bend down***	停車 2829 **stop**
店舖 2832 **store/shop***	這隻鸛帶小叮來人間 2833 **stork**	颶風 2834 **storm**	他停住那火車。 2830 He **stops** the train.
馮姨姨在講故事。 2835 **story**	廚爐 2836 **stove/cooker***	直的 2837 **straight**	中途停留 2831 to **stop over**
過濾 2838 to **strain**	拉緊 2839 to **strain**	真奇怪的動物! 2840 **strange**	那無尾猿快要扼死他。 2841 to **strangle**

strap　　　　　　　　　　2842-2861

帶子	吸管	士多啤梨	川流
2842 strap	2843 straw	2844 strawberry	2845 stream

長形旗幟	街道	街燈	她可以拉至多長?
2846 streamer/pennant*	2847 street	2848 street light/lamp*	2849 to stretch

擔架	罷工 工人爲求加薪而罷工。 The workers are on strike for more money.	打人是不好的。	細繩
2850 stretcher	2851 strike	2852 to strike	2853 string

很多條紋	强壯	學生	學習
2854 stripe	2855 strong	2856 student	2857 to study

毛絨公仔	樹樁	潛水艇在水底潛行。	減
2858 a stuffed animal	2859 stump	2860 submarine	2861 to subtract

2862-2881 to surrender

吸啜	**突然** **突然**下雨了。 小思**突然**離去。 Suddenly, it began to rain. Si left suddenly.	吃太多**糖**對你無益。	**套裝**
2862 to suck	2863 suddenly	2864 sugar	2865 suit
小衣箱	**夏天**	**太陽**	**星期日** **星期日**是每週的第七天。 Sunday is the seventh day of the week.
2866 suitcase	2867 summer	2868 sun	2869 Sunday
從**日規**可以知道時間。	**向日葵**總是面向太陽。	**日出**	**日落**
2870 sundial	2871 sunflower	2872 sunrise	2873 sunset
我們去**超級市場**購物。	**晚餐**	**肯定，一定,** 我**肯定**明天會陽光普照。 小叮明天**一定**會去。 I am sure tomorrow will be a sunny day. Ting will go tomorrow for sure.	**表面**
2874 supermarket	2875 supper/dinner*	2876 sure	2877 surface
外科醫生	**姓氏** 我**姓**秦，名小叮。 My first name is Ting and my surname is Chun.	**驚奇的派對**	**投降**
2878 surgeon	2879 surname	2880 surprise party	2881 to surrender

to surround 2882-2901

他們把他包圍。 2882 to surround	吊褲帶 2883 suspenders/braces*	吞咽 2884 to swallow	天鵝 2885 swan
交換 2886 to swap	大群憤怒的蜜蜂 2887 swarm	出汗 2888 to sweat	毛線衫 2889 sweater/sweatshirt*
打掃 2890 to sweep	甜 2891 sweet	那車突然轉向避過那貓。 2892 to swerve	游泳 2893 to swim
鞦韆 2894 swing	搖擺 2895 to swing	開關掣 2896 switch	開、換 請開燈。 我們換位好嗎？你可以看得清楚些。 Switch on the light, please. Shall we switch seats so you can see better? 2897 to switch
飛撲 2898 to swoop	刀劍 2899 sword	大楓樹 2900 sycamore	楓糖醬 2901 syrup

T

2902 table 桌子

2903 tablecloth 檯布

2904 tablet 藥丸

2905 tack 平頭釘

2906 to tackle 應付，擒抱
小叮要快些**應付**那問題。
小祥在足球賽中**擒抱**着小賜。
Ting must tackle that problem soon.
Cheung tackled Chi during the football game.

2907 tadpole 蝌蚪變成青蛙。

2908 tail 尾巴

2910 to take 拿着

2911 to take apart 拆散

2912 to take away 拿走

2913 to take back 拿回

2914 to take off 脫下

2915 to take off 起飛

2916 to take out 拿出

2917 take-out/take-away* 外賣

2909 tailor 裁縫

2918 tale 故事

2919 talent 天才，天份
小叮及小煒參加**天才**表演。
小怡很有演戲**天份**。
Ting and Wai are in the talent show.
Yi has a great talent for acting.

2920 to talk 談話

tall 2921-2940

高	鈴鼓	馬戲團的獅子很馴服。	曬黑
2921 tall	2922 tambourine	2923 tame	2924 tan
蜜柑	糾結着	大桶	油輪
2925 tangerine	2926 tangled	2927 tank	2928 tanker
這水龍頭滴水。	膠紙	貼牢	錄音機
2929 tap	2930 tape	2931 to tape	2932 tape recorder
焦油	箭靶	艾葉	小餡餅
2933 tar	2934 target	2935 tarragon	2936 tart
他的任務是掃地。	嚐	美味 / 這食物十分美味。 This is very tasty food.	的士
2937 task	2938 to taste	2939 tasty	2940 taxi

2941-2960   tent

一杯**茶** 2941 a cup of **tea**	莫老師在**教**我們。 2942 to **teach**	她是我們的**教師**。 2943 **teacher**	我們全屬同一**隊伍**。 2944 **team**
茶壺 2945 teapot	眼淚 2946 tear	撕碎 2947 to tear	切勿把書**撕**下! 2948 to **tear** out
電報 2949 telegram	電話 2950 telephone	打電話 2951 to telephone	望遠鏡 2952 telescope
電視 2953 television	告訴 2954 to tell	**脾氣** 小震的**脾氣**很壞。 他不能控制自己的**脾氣**。 Chun has a bad temper. He cannot control his temper. 2955 **temper**	溫度 2956 temperature
十個蘋果 2957 **ten** apples	網球及網球拍 2958 **tennis** racquet and ball	網球鞋 2959 **tennis** shoe	小叮睡過帳幕。 2960 tent

tenth   2961-2980

第十	電腦終端	試探水溫	多謝
2961 tenth	2962 terminal	2963 to test the water	2964 to thank
冰雪在春天融化。	劇院	那裏	溫度計
2965 to thaw	2966 theater/theatre*	2967 there	2968 thermometer
粗	小偷是歹徒。	大腿	頂針
2969 thick	2970 thief	2971 thigh	2972 thimble
瘦	物件 人不是物件。 小叮言談風趣。 A person is not a thing. Ting says many funny things.	思索	第三
2973 thin	2974 thing	2975 to think	2976 third
口渴	薊	刺能傷人。	綫
2977 thirsty	2978 thistle	2979 thorn	2980 thread

2981-3000　　　　　　　　　　　　　　　　　　　　　　tiles

小叮只能用大針**穿綫**。 2981 to thread	三 2982 three	門檻 2983 threshold	咽喉 2984 throat
女王的**寶座** 2985 throne	拋給 2986 to throw	嘔吐 2987 to throw up/be sick*	大拇指 2988 thumb
雷聲震耳 2989 thunder	雷暴 2990 thunderstorm	星期四 **星期四**是每週的第四天。 小叮逢**星期四**上游泳課。 Thursday is the fourth day of the week. Ting goes to swimming class on Thursdays. 2991 Thursday	百里香 2992 thyme
票子 2993 ticket	弄癢 2994 to tickle	至少其中一個保持**整齊**! 2995 tidy	我可以自己結領帶。 2996 tie
老虎 2998 tiger	拉緊 2999 to tighten	瓦片 3000 tiles	紮起 2997 to tie

to tilt 3001-3020

這船**傾側**得很危險。 3001 to **tilt**	請告訴我現在的**時**間? 3002 What **time** is it?	微小 3003 tiny	船**傾覆**了。 3004 to **tip**
踮着腳走 3006 tiptoe	我們的車需要新的**輪胎**。 3007 tire/tyre*	疲倦 3008 tired	給小帳 3005 to tip
癩蛤蟆 3009 toad	多士及果醬 3010 toast	多士爐 3011 toaster	今天 今天開課。 今天是母親節。 今天要做功課! School starts today. Today is Mothers' Day. Do your homework today! 3012 today
腳趾 3013 toes	我們坐在**一起**。 3014 We are sitting **together**.	廁所 3015 toilet	番茄 3016 tomato
墳墓 3017 tomb	明天 **明天**是另一天。 小叮**明天**去博物館看恐龍。 Tomorrow is another day. Ting is going to see dinosaurs at the museum tomorrow. 3018 tomorrow	鉗子 3019 tongs	伸出舌頭多粗魯! 3020 tongue

3021-3040　　　　　　　　　　　　　　　tower

牠有一噸重。	扁桃腺	工具	牙齒
3021　It weighs a **ton**.	3022　**tonsils**	3023　**tools**	3024　**tooth**
牙痛	牙刷	牙膏	頂
3025　**toothache**	3026　**toothbrush**	3027　**toothpaste**	3028　**top**
箱子**傾倒**了。	奧林匹克**火炬**	龍捲風	旋轉中的**陀螺**。
3030　to **topple**	3031　**torch**	3032　**tornado**	3029　**top**
急流	陸龜	小添把球**扔給**她。	觸摸
3033　**torrent**	3034　**tortoise**	3035　to **toss**	3036　to **touch**
我很**頑強**。	拖走	小叮的**毛巾**是濕的。	全世界最高的**塔**。
3037　I am **tough**.	3038　to **tow**	3039　**towel**	3040　**tower**

town 3041-3060

這**市鎮**很近小叮的家。 3041 town	請拾起你的**玩具**! 3042 toys	映描 3043 to trace	軌道 3044 track
拖拉機 3045 tractor	交易 3046 to trade	交通擠塞 3047 traffic	交通燈 3048 traffic light
踪迹 3049 trail	拖車裏有一匹馬。 3050 trailer	火車 3051 train	她悉心**訓練**汪汪。 3052 to train
流浪漢 3053 tramp	切勿**踐踏**花朵! 3054 to trample	彈床 3055 trampoline	小叮的媽媽不是**透明**的。 3056 transparent
運輸 3057 to transport	運輸者 3058 transporter/lorry*	陷阱 3059 trap	高空鞦韆 3060 trapeze

3061-3080　　　　　　　　　　　　　　　　　　trousers

歐姨姨乘火車旅行。	托盤上放滿飲品	輪胎面	寶藏
3061 to travel	3062 tray	3063 tread	3064 treasure
樹	小娟嚇至震抖。	深溝	審訊
3065 tree	3066 to tremble	3067 trench	3068 trial
三角形有三邊。	把戲	水緩緩滴下來。	三輪單車
3069 triangle	3070 trick	3071 to trickle	3072 tricycle
板機	修剪	短途旅程	絆倒
3073 trigger	3074 to trim	3075 a short trip	3076 to trip
電車	小馬喜歡疾走及飛馳。	食槽	長褲
3077 trolley bus	3078 to trot	3079 trough	3080 trousers

trout 3081-3100

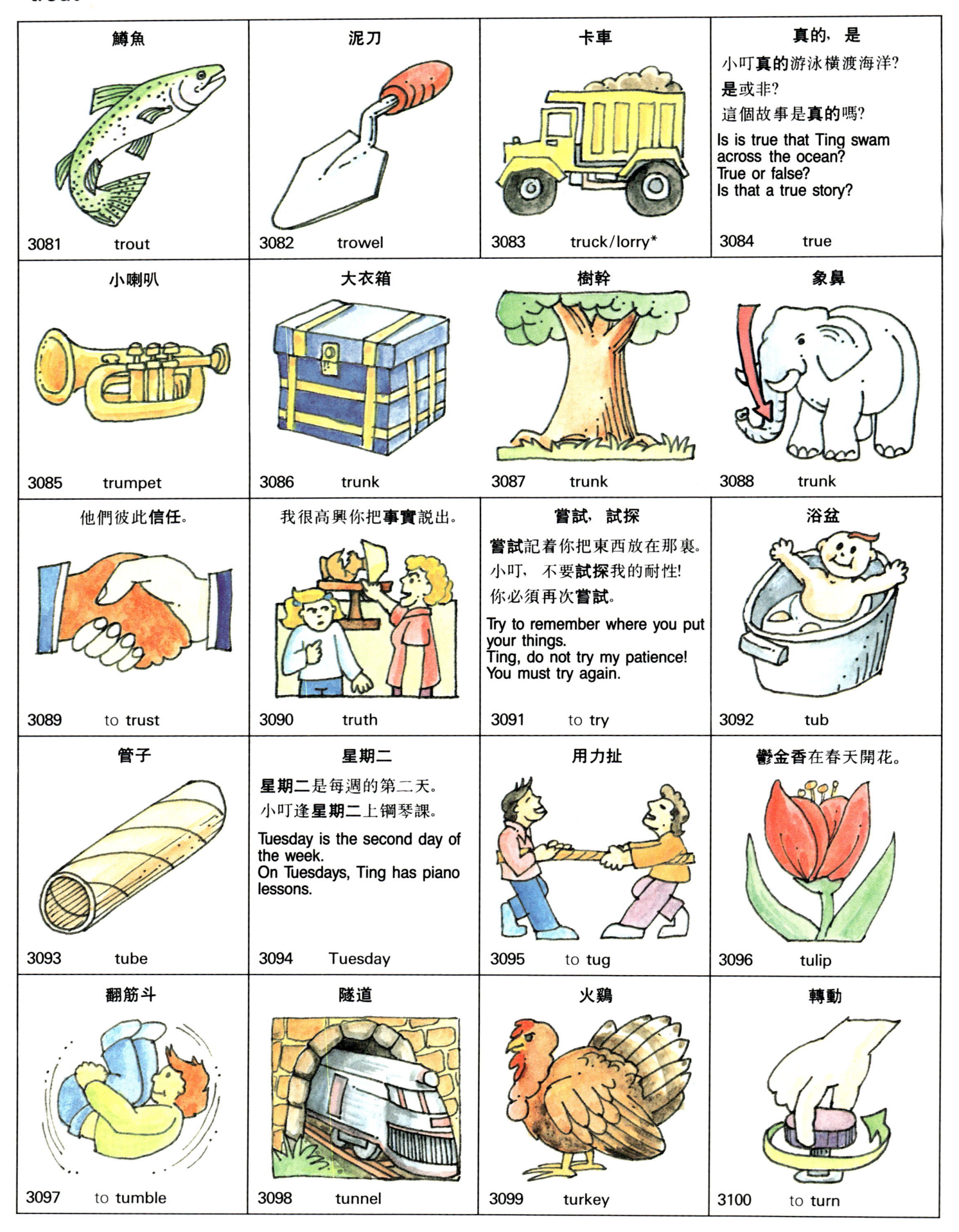

鱒魚	泥刀	卡車	真的，是
			小叮**真的**游泳橫渡海洋？ **是**或非？ 這個故事是**真的**嗎？ Is is true that Ting swam across the ocean? True or false? Is that a true story?
3081 trout	3082 trowel	3083 truck/lorry*	3084 true

小喇叭	大衣箱	樹幹	象鼻
3085 trumpet	3086 trunk	3087 trunk	3088 trunk

他們彼此**信任**。	我很高興你把**事實**說出。	嘗試，試探	浴盆
		嘗試記着你把東西放在那裏。 小叮，不要**試探**我的耐性！ 你必須再次**嘗試**。 Try to remember where you put your things. Ting, do not try my patience! You must try again.	
3089 to trust	3090 truth	3091 to try	3092 tub

管子	星期二	用力扯	**鬱金香**在春天開花。
	星期二是每週的第二天。 小叮逢**星期二**上鋼琴課。 Tuesday is the second day of the week. On Tuesdays, Ting has piano lessons.		
3093 tube	3094 Tuesday	3095 to tug	3096 tulip

翻筋斗	隧道	火雞	轉動
3097 to tumble	3098 tunnel	3099 turkey	3100 to turn

3101-3120 typewriter

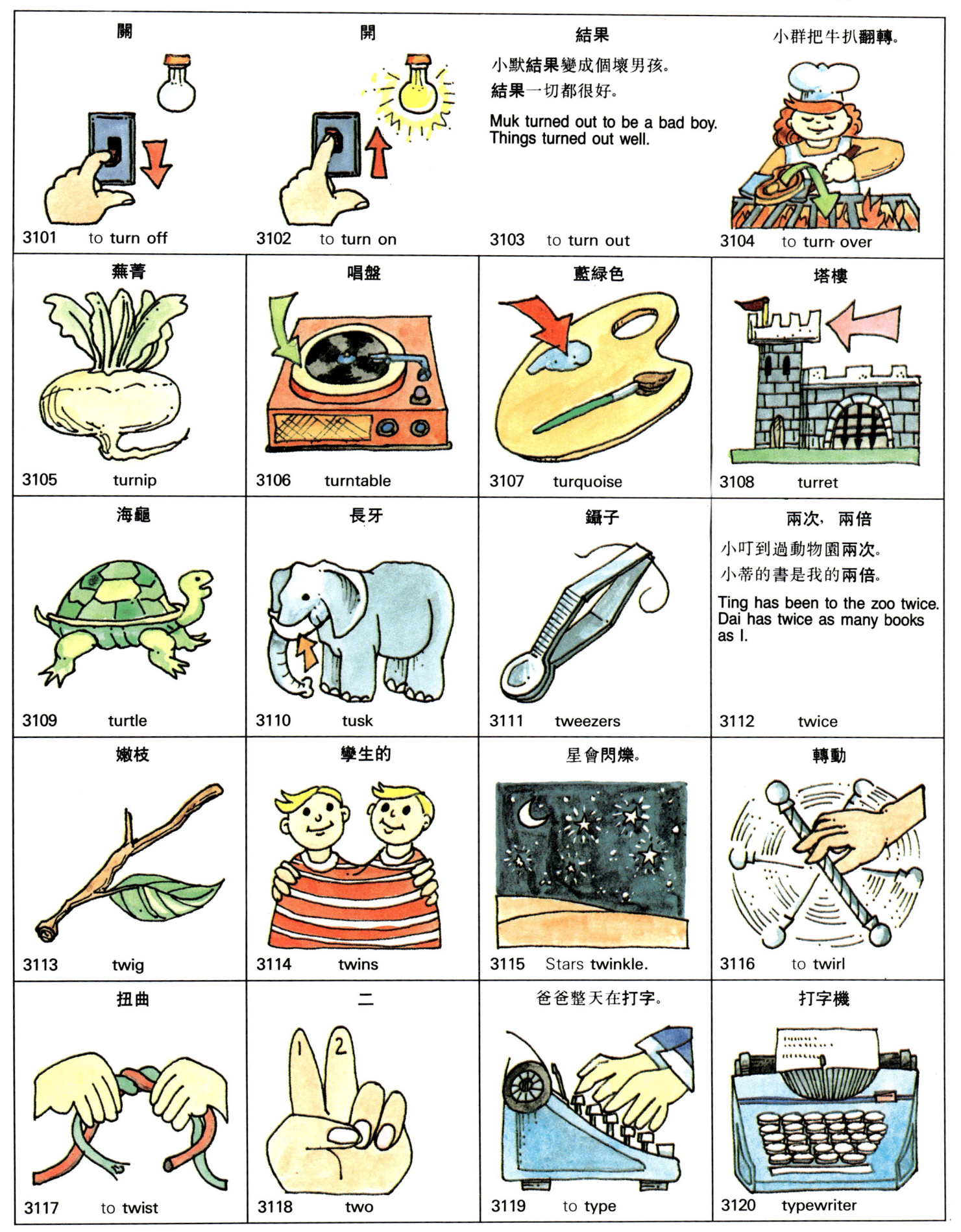

關 **3101** to turn off	開 **3102** to turn on	結果 小默**結果**變成個壞男孩。 **結果**一切都很好。 Muk turned out to be a bad boy. Things turned out well. **3103** to turn out	小群把牛扒翻轉。 **3104** to turn over
蕪菁 **3105** turnip	唱盤 **3106** turntable	藍綠色 **3107** turquoise	塔樓 **3108** turret
海龜 **3109** turtle	長牙 **3110** tusk	鑷子 **3111** tweezers	兩次，兩倍 小叮到過動物園**兩次**。 小蒂的書是我的**兩倍**。 Ting has been to the zoo twice. Dai has twice as many books as I. **3112** twice
嫩枝 **3113** twig	孿生的 **3114** twins	星會閃爍。 **3115** Stars twinkle.	轉動 **3116** to twirl
扭曲 **3117** to twist	二 **3118** two	爸爸整天在打字。 **3119** to type	打字機 **3120** typewriter

3121-3139

	她雖**醜陋**，但很仁慈。	**雨傘**	**舅父，叔父**
U	3121 ugly	3122 umbrella	**舅父**是我媽媽的弟弟。 **叔父**是我爸爸的弟弟。 My uncle is my mother's brother. My other uncle is my father's brother. 3123 uncle
之下，以下 任何情況**之下**，我都不會去。 五歲**以下**的兒童不能去。 I am not going under any circumstances. Children under 5 cannot go. 3124 under	**明白** 3125 to understand	**內衣** 3126 underwear	**寬衣** 3127 to undress
不快樂 3128 unhappy	寓言裏常有**獨角獸**。 3129 unicorn	余叔叔**穿上制服**。 3130 uniform	**大學** 3131 university
卸貨 3132 to unload	**開鎖** 3133 to unlock	**拆開** 3134 to unwrap	**直立** 3135 upright
顛倒 3136 upside-down	媽媽**用**胡椒粉調味。 3137 to use	她把胡椒粉**用完**了。 3138 to use up	很**有用**的小折刀。 3139 useful

3140-3158　　　　　　　　　　　　　　　　　　　　village

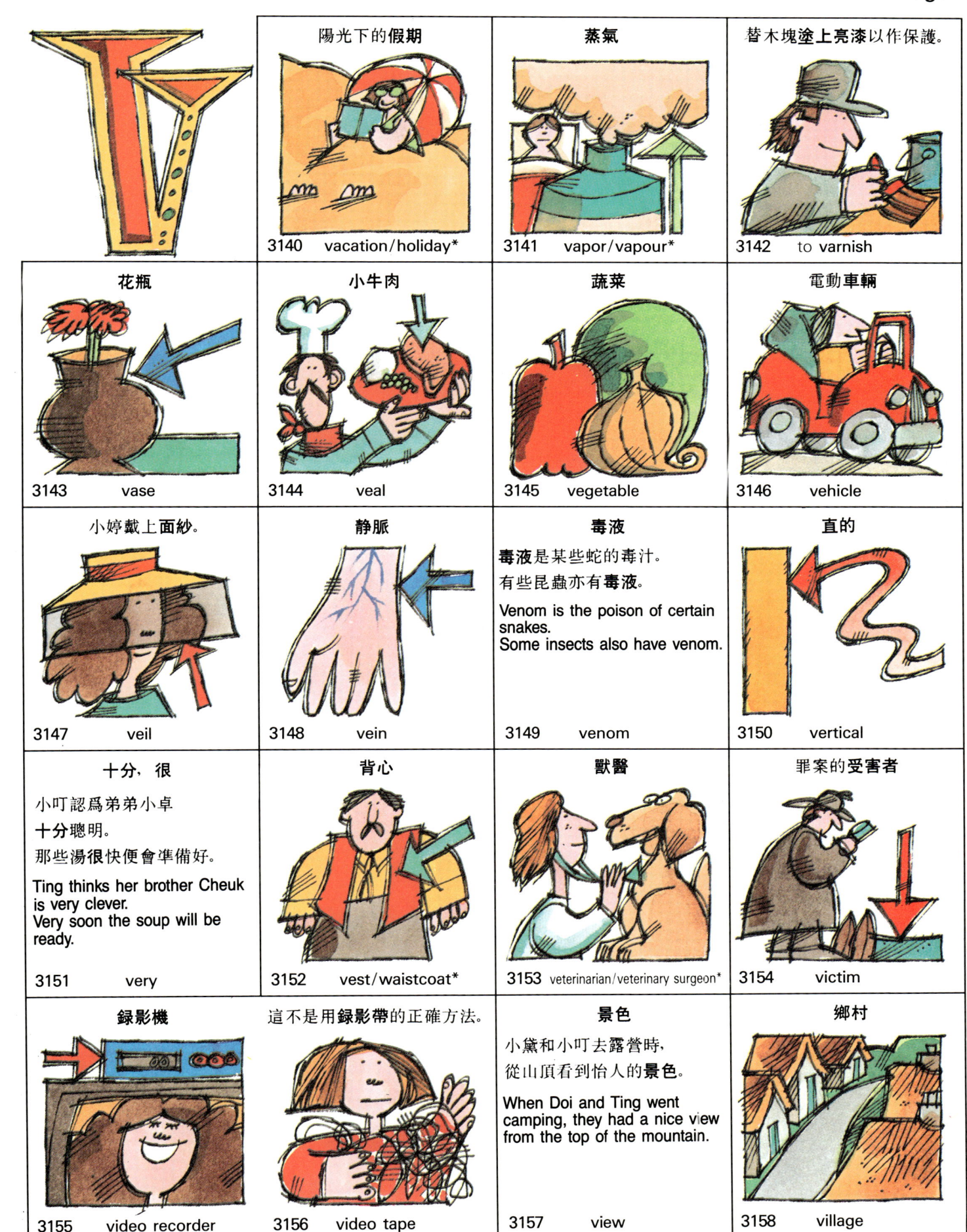

	陽光下的**假期**	**蒸氣**	替木塊**塗**上亮漆以作保護。
	3140　vacation/holiday*	3141　vapor/vapour*	3142　to varnish
花瓶	**小牛肉**	**蔬菜**	**電動車輛**
3143　vase	3144　veal	3145　vegetable	3146　vehicle
小婷戴上**面紗**。	**靜脈**	**毒液** **毒液**是某些蛇的毒汁。 有些昆蟲亦有**毒液**。 Venom is the poison of certain snakes. Some insects also have venom.	**直的**
3147　veil	3148　vein	3149　venom	3150　vertical
十分，**很** 小叮認爲弟弟小卓**十分**聰明。 那些湯**很**快便會準備好。 Ting thinks her brother Cheuk is very clever. Very soon the soup will be ready.	**背心**	**獸醫**	罪案的**受害者**
3151　very	3152　vest/waistcoat*	3153　veterinarian/veterinary surgeon*	3154　victim
錄影機	這不是用**錄影帶**的正確方法。	**景色** 小黛和小叮去露營時，從山頂看到怡人的**景色**。 When Doi and Ting went camping, they had a nice view from the top of the mountain.	**鄉村**
3155　video recorder	3156　video tape	3157　view	3158　village

villain 3159-3178

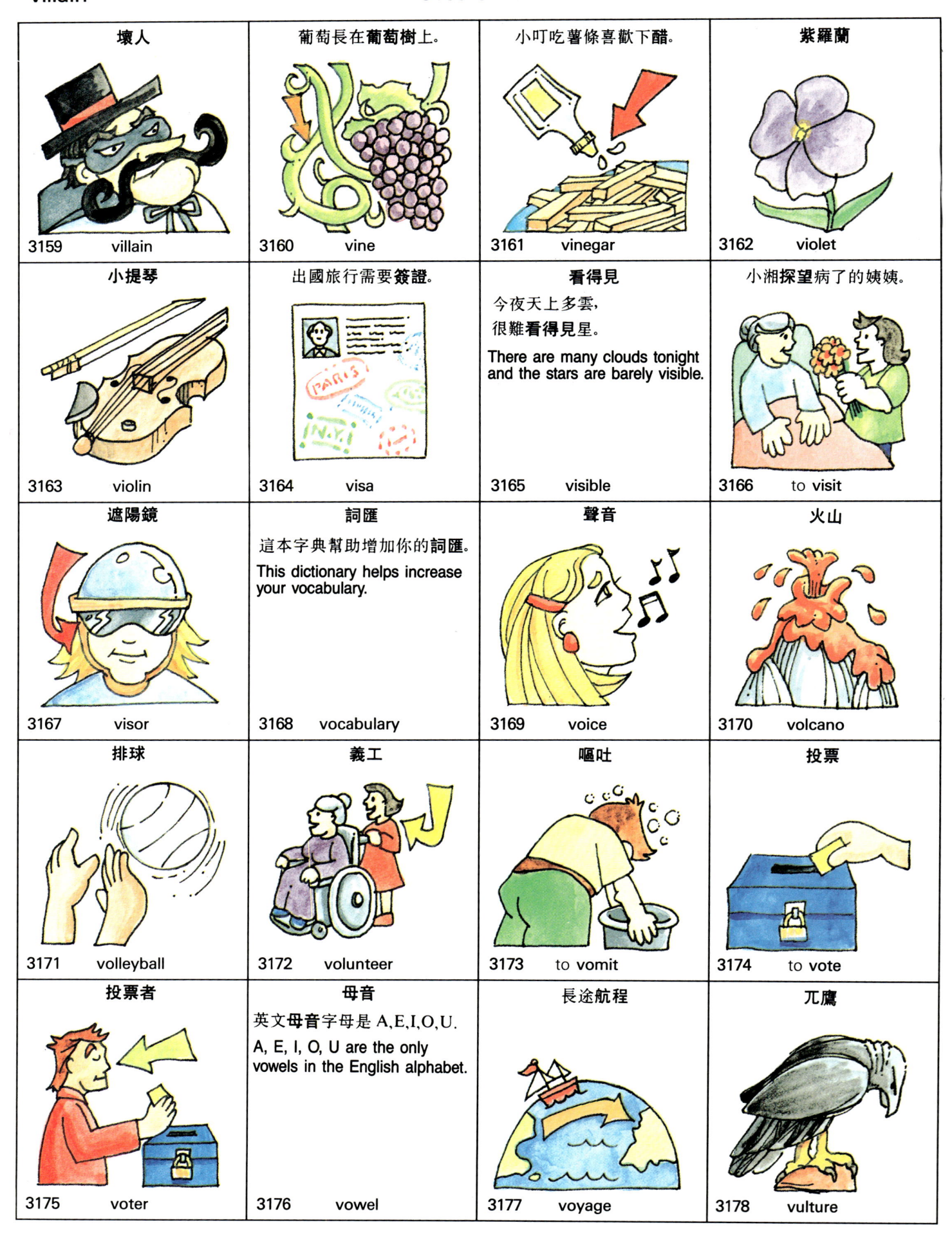

壞人	葡萄長在**葡萄樹**上。	小叮吃薯條喜歡下**醋**。	紫羅蘭
3159 villain	3160 vine	3161 vinegar	3162 violet

小提琴	出國旅行需要**簽證**。	**看得見** 今夜天上多雲，很難**看得見**星。 There are many clouds tonight and the stars are barely visible.	小湘**探望**病了的姨姨。
3163 violin	3164 visa	3165 visible	3166 to visit

遮陽鏡	詞匯 這本字典幫助增加你的**詞匯**。 This dictionary helps increase your vocabulary.	聲音	火山
3167 visor	3168 vocabulary	3169 voice	3170 volcano

排球	義工	嘔吐	投票
3171 volleyball	3172 volunteer	3173 to vomit	3174 to vote

投票者	母音 英文**母音**字母是 A,E,I,O,U. A, E, I, O, U are the only vowels in the English alphabet.	長途航程	兀鷹
3175 voter	3176 vowel	3177 voyage	3178 vulture

3179-3197　　　　　　　　　　　　　　　　　　　　warm

	小萍**涉**水而行。	鷄蛋餅	四輪運貨馬車
W	3179 to wade	3180 waffle	3181 wagon/cart*
大哭	腰部	小苑在**等**巴士。	媽媽把他**喚**醒。
3182 to wail	3183 waist	3184 to wait	3185 to wake
步行	牆壁	錢包	胡桃
3186 to walk	3187 wall	3188 wallet	3189 walnut
海象	魔杖	流浪	想
			爸爸**想**小叮幫忙洗碗碟。 她**想**幫忙，但沒有水。 Dad wants Ting to help wash the dishes. She wants to help but there is no water.
3190 walrus	3191 wand	3192 to wander	3193 to want
小叮**憎恨戰爭**。	全部衣服	倉庫	温暖
3194 war	3195 wardrobe	3196 warehouse	3197 warm

to warm up　　　　　　　　　　3198-3217

#	中文	English
3198	生火取暖。	to warm up
3199	警告	to warn
3200	養兔場	warren
3201	戰士	warrior
3202	腫瘤	wart
3203	洗淨	to wash up
3204	洗衣機	washing machine
3205	洗手間	washroom/toilet*
3206	小叮被黃蜂刺傷。	wasp
3207	他浪費食物。	to waste
3208	袋錶	watch
3209	觀看	to watch
3210	水	water
3211	澆水壺	watering can
3212	西洋菜	watercress
3213	瀑布	waterfall
3214	西瓜	watermelon
3215	防水	waterproof
3216	滑水	waterskiing
3217	波浪	wave

3218–3237   to welcome

小琴向她的朋友**揮手**。 3218 to wave	她的頭髮**鬈曲**。 3219 wavy	**蠟** 3220 wax	**虛弱** 3221 weak
武器是危險的。 3222 weapon	**穿着** 3223 to wear	**黃鼠狼** 3224 weasel	今天**天氣**如何? 3225 weather
編織 3226 to weave	**蹼足** 3227 web foot	**婚禮** 3228 wedding	**楔** 3229 wedge
星期三 星期三是每週的第三天。 小叮逢**星期三**都把垃圾拿到屋外。 Wednesday is the third day of the week. On Wednesdays, Ting takes out the garbage. 3230 Wednesday	花園中長有**野草**。 3231 weed	一星期有七天。 3232 week	**週末** **週末**就是星期六日。 天氣報告員說**週末**會下雨。 Saturday and Sunday make a weekend. The weatherman says it will rain this weekend. 3233 weekend
他傷心地**哭泣**。 3234 to weep	**量重** 3235 to weigh	這副畫真**怪誕**! 3236 weird	小蘊**歡迎**朋友到訪。 3237 to welcome

well　　　　　　　　　　　3238-3257

井 3238　well	我覺得很好。 3239　I feel well.	當北方在前，西方就在左邊。 3240　west	濕的 3241　wet
鯨魚 3243　whale	碼頭 3244　wharf	甚麼 咪咪的毛幹**甚麼**了? 小叮，你對牠幹了些**甚麼**? What has happened to Mimi's fur? Ting, what did you do to your cat? 3245　what	弄濕 3242　to wet
小麥 3246　wheat	車輪 3247　wheel	獨輪手推車 3248　wheelbarrow	輪椅 3249　wheelchair
何時，時候 爸爸，凌姨姨**何時**會來? 週末的**時候**。 **何時**是週末? When is Aunt Lin coming, Dad? When the weekend starts. When is that? 3250　when	何處 我們迷了途，媽媽又不知我們 身在**何處**? We are lost and Mom has no idea where we are. 3251　where	哪一個 3252　which one	哀哭 3253　to whine
鞭打 3254　whip	夜鷹 3255　whippoorwill	打蛋器 3256　whisk	猫兒有**鬚**。 3257　whisker

3258-3277　　　　　　　　　　　　　　　　　　　　　windmill

小叮與朋友**耳語**。 3258　to whisper	哨子 3259　whistle	吹口哨 3260　to whistle	白色 3261　white
誰人去呀? 3262　Who is going?	何故，爲甚麼 我想知道小叮**何故**拿了我的領帶。 她**爲甚麼**不記着呢? I want to know why Ting took my tie. Why can she not remember? 3263　why	蠟燭芯慢慢地燃燒。 3264　wick	邪惡 3265　wicked
寬闊 3266　wide	妻子 3267　wife	獅子是一種野獸。 3268　The lion is a wild animal.	楊柳 3269　willow
忘記澆水，花兒便會枯萎。 3270　to wilt	狡猾 3271　wily	勝出 3272　to win	小軒痛得畏縮不前。 3273　to wince
風 3274　wind	請上好鏈! 3275　to wind	風褸 3276　windbreaker	風車 3277　windmill

window 3278-3297

窗	擋風玻璃	成人才可以飲酒。	翅膀
3278 window	3279 windshield/windscreen*	3280 wine	3281 wing

猫頭鷹在向你眨眼。	冬天	請把它抹乾淨。	鳥兒在金屬綫上。
3282 to wink	3283 winter	3284 to wipe	3285 wire

智慧，明智 祖父是個**智慧**的老人。 你認爲小叮獨自在森林散步 是**明智**的嗎？ Grandfather is a wise old man. Do you think that it is wise for Ting to walk in the forest alone?	許願	巫婆	巫師
3286 wise	3287 to make a wish	3288 witch	3289 wizard

狼	男人和女人	感到奇怪	奇妙
3290 wolf	3291 woman	3292 to wonder	3293 wonderful

木	啄木鳥吃昆蟲。	樹林	木工
3294 wood	3295 woodpecker	3296 woods	3297 woodwork

3298-3317　　　　　　　　　　　　　　　　　　　　　　　wrong

羊毛 3298　wool	他説了一個很怪的**字**。 3299　word	有很多不同的**工作**。 3300　work	勞動 3301　to work
工場 3303　workshop	世界 3304　world	蠕蟲 3305　worm	鍛練 3302　to work out
媽媽很**擔**心小叮。 3306　to worry	傷口 3307　wound	包好 3308　to wrap	花環 3309　wreath
船舶失事 3310　wreck	鷦鷯 3311　wren	摔角 3312　to wrestle	猛扭 3313　to wring
手腕 3314　wrist	腕錶 3315　wristwatch	書寫 3316　to write	錯的，不正當 我認爲這巴士走**錯**了路。 作弊及説謊都是**不正當**的。 I think our bus is going the wrong way. It is wrong to cheat and to lie. 3317　wrong

3318-3336

	X 光	木琴	小小的快艇
	3318 X-ray	3319 xylophone	3320 yacht

我們的後院很舒適。	打呵欠	又一年	呼喊
3321 yard/garden*	3322 to yawn	3323 year	3324 to yell

黃色	行，答應 是行、不行、還是也許? 答應前，必須考慮清楚。 Is it yes, is it no, or is it maybe? If you say yes, you had better be sure.	昨天 小叮昨天吃了太多雪糕所以病倒。 Yesterday Ting was sick from eating too much ice cream.	讓路
3325 yellow	3326 yes	3327 yesterday	3328 to yield/give way*

蛋黃	年輕	小叮畫了這匹斑馬。	零
3329 yolk	3330 young	3331 zebra	3332 zero

拉鏈	動物園	攢升	小胡瓜是小叮的最後一個字。
3333 zipper/zip*	3334 zoo	3335 to zoom	3336 zucchini/courgette*